国家骨干高职院校重点专业建设规划教材
普通高等学校城市轨道交通专业规划教材
编写委员会

主 任 李　锐（安徽交通职业技术学院　系主任　副教授）
　　　　刘志刚（上海工程技术大学城市轨道交通学院　博士　副院长　教授）

副主任 李建洋（安徽交通职业技术学院　博士　教授）
　　　　张国侯（南京铁道职业技术学院　教研室主任　副教授）
　　　　李宇辉（南京铁道职业技术学院　教研室主任　副教授）
　　　　穆中华（郑州铁路职业技术学院　教研室主任　副教授）
　　　　朱海燕（上海工程技术大学城市轨道交通学院　副教授）
　　　　周庚信（新疆交通职业技术学院　系主任　高级讲师）

委 员 娄　智（安徽交通职业技术学院　系副主任　副教授）
　　　　李志成（安徽交通职业技术学院　讲师）
　　　　兰清群（安徽交通职业技术学院　讲师）
　　　　王晓飞（安徽交通职业技术学院　讲师）
　　　　李泽军（安徽交通职业技术学院　工程师）
　　　　李艳艳（安徽交通职业技术学院　助教）
　　　　黄建中（南京铁道职业技术学院　副教授）
　　　　周云娣（南京铁道职业技术学院　讲师）
　　　　陈　谦（南京铁道职业技术学院　讲师）
　　　　黄远春（上海工程技术大学城市轨道交通学院　讲师）
　　　　田　亮（深圳城市轨道交通运营公司　工程师）
　　　　文　杰（杭州城市轨道交通运营公司　工程师）
　　　　任志杰（宁波城市轨道交通运营公司　工程师）
　　　　李国伟（郑州铁路局郑州北站　工程师）
　　　　薛　亮（沈阳交通高等专科学校　讲师）
　　　　牛云霞（新疆交通职业技术学院　讲师）
　　　　张　荣（新疆交通职业技术学院　讲师）
　　　　苏　颖（新疆交通职业技术学院　讲师）

国家骨干高职院校重点专业建设规划教材
普通高等学校城市轨道交通专业规划教材

城市轨道交通车站设备

王晓飞 黄建中 编

中国科学技术大学出版社

内容简介

本书是国家骨干高职院校城市轨道交通运营管理专业系列规划教材,共分四大模块:客运设备、行车设备、安全设备及监控设备;九个项目:自动售检票系统,楼梯、自动扶梯及电梯,低压配电与照明系统,安全门,IBP盘及紧急停车按钮,火灾自动报警系统,环控系统,环境与设备监控系统,综合监控系统。

本书可供高职、中职城市轨道交通专业教学选用,也可作为从事城市轨道交通行业人员的参考资料和培训用书。

图书在版编目(CIP)数据

城市轨道交通车站设备/王晓飞,黄建中编.—合肥:中国科学技术大学出版社,2014.9
ISBN 978-7-312-03583-8

Ⅰ.城⋯ Ⅱ.①王⋯ ②黄⋯ Ⅲ.城市铁路—车站设备—教材 Ⅳ.U239.5

中国版本图书馆 CIP 数据核字(2014)第 197329 号

出版	中国科学技术大学出版社
	安徽省合肥市金寨路 96 号,230026
	http://press.ustc.edu.cn
印刷	安徽省瑞隆印务有限公司
发行	中国科学技术大学出版社
经销	全国新华书店
开本	787 mm×1092 mm 1/16
印张	8.75
字数	212 千
版次	2014 年 9 月第 1 版
印次	2014 年 9 月第 1 次印刷
定价	23.00 元

序 言

"城市轨道交通运营管理专业"是伴随着城市快速发展、交通运输运能需求快速增长而发展起来的新兴专业。城市轨道交通运营管理工作是城市轨道交通运营生产的核心工作,涉及的岗位人员包括:站务员、客运值班员、行车值班员、值班站长、站长及行车调度员等。

本套教材以职业岗位能力需求为依据,根据城市轨道交通运营管理专业建设要点,结合城市轨道交通机电技术、城市轨道交通车辆技术等专业的需求,由院校与城市轨道交通运营公司合作完成。

本套教材包括:城市轨道交通概论、城市轨道交通信号基础设备、城市轨道交通运营与信号、城市轨道交通客运组织、城市轨道交通车站设备、城市轨道交通行车组织、城市轨道交通列车运行自动控制。

本套教材融合了国内主要城市轨道交通运营企业现场作业的知识和内容,以实际工作项目为主线,在项目中以任务作为知识学习要点,并针对各任务设计模拟实训与思考练习,实现了课堂环境模拟现场岗位作业情景及学生自我学习、自我训练的目标,体现了"岗位导向、学练一体"的教学过程。

国家骨干高职院校重点专业建设规划教材
普通高等学校城市轨道交通专业规划教材
编写委员会

前　言

本教材内容的编排和组织是以企业的需求、学生的认知规律、多年积累的教学经验为依据确定的。本书立足于实际技能培养,以"岗位导向、学练一体"的工作任务为中心组织课程内容,让学生在完成具体工作任务的过程中学习相关理论知识、发展职业能力。经过城市轨道交通行业专家深入、细致、系统的分析,本书最终确定了九个学习项目:自动售检票系统,地铁车站楼梯、自动扶梯及电梯,低压配电与照明系统,安全门,IBP 盘及紧急停车按钮,火灾自动报警系统,环控系统,环境与设备监控系统,综合监控系统。本书突出对学生职业能力的训练,理论知识的选取紧紧围绕工作任务完成的需要来进行,并融合了相关职业资格考试对知识、技能和态度的要求。

本教材由安徽交通职业技术学院王晓飞和南京铁道职业技术学院黄建中编写。项目一、项目二、项目四、项目五和项目七由王晓飞编写,项目三、项目六、项目八和项目九由黄建中编写。

本教材在编写过程中得到了南京地铁站务中心的大力支持与帮助,也得到了上海申通地铁集团公司、广州地下铁道总公司、深圳地铁集团运营公司等有关专家的指导,在此表示衷心的感谢!在本书编写过程中参考了许多专家、学者撰写的有关城市轨道交通的书籍、论文等,也引用了城市轨道交通企业的技术数据和图片,我们已尽可能地在参考文献中详细地列出,谨在此向他们表示衷心的感谢!同时,也可能由于疏忽而没有指出某些资料的出处,若有此类情况发生,深表歉意!

由于编写时间仓促,编者水平有限、实践经验不足,疏漏之处在所难免,恳请读者批评指正。

编　者

2014 年 6 月

目 录

序言 ·· (i)
前言 ·· (iii)
模块一　客运设备 ··· (1)
　项目一　自动售检票系统 ·· (1)
　　任务一　自动售检票系统的认知 ··· (1)
　　任务二　自动检票机的使用及应急处理 ······························· (7)
　　任务三　自动售票机的使用及应急处理 ······························· (14)
　　任务四　半自动售票机的使用及应急处理 ···························· (20)
　　任务五　自动查询机的认知 ·· (23)
　项目二　地铁车站楼梯、自动扶梯及电梯 ······························ (28)
　　任务一　地铁车站楼梯的认知 ··· (28)
　　任务二　自动扶梯的操作及应急处理 ··································· (29)
　　任务三　电梯的操作及应急处理 ··· (34)
　项目三　低压配电与照明系统 ·· (40)
　　任务一　城市轨道交通供电系统的认知 ······························· (40)
　　任务二　低压配电系统的认知 ··· (41)
　　任务三　照明系统的认知 ·· (44)

模块二　行车设备 ··· (47)
　项目四　安全门 ··· (47)
　　任务一　安全门的认知 ··· (47)
　　任务二　安全门的操作 ··· (58)
　　任务三　安全门的应急处理 ·· (62)
　项目五　IBP盘及紧急停车按钮 ··· (67)
　　任务一　IBP盘的认知 ·· (67)
　　任务二　IBP盘的操作 ·· (69)

任务三　紧急停车按钮的操作 …………………………………………（74）

模块三　安全设备 ………………………………………………………（78）
项目六　火灾自动报警系统 ……………………………………………（78）
　　　任务一　地铁火灾的认知 …………………………………………（78）
　　　任务二　常见消防器材的使用 ……………………………………（81）
　　　任务三　地铁火灾自动报警系统的使用 …………………………（86）
　　　任务四　地铁火灾的应急处理 ……………………………………（92）
项目七　环控系统 ………………………………………………………（98）
　　　任务一　环控系统的认知 …………………………………………（98）
　　　任务二　车站通风空调系统的认知 ………………………………（101）
　　　任务三　隧道通风系统的认知 ……………………………………（105）
　　　任务四　环控系统的控制 …………………………………………（108）
　　　任务五　环控系统节能的措施 ……………………………………（111）

模块四　监控设备 ………………………………………………………（114）
项目八　环境与设备监控系统 …………………………………………（114）
　　　任务一　环境与设备监控系统的认知 ……………………………（114）
　　　任务二　BAS 系统的监控内容 ……………………………………（116）
　　　任务三　BAS 系统的运行管理 ……………………………………（117）
项目九　综合监控系统 …………………………………………………（121）
　　　任务一　综合监控系统的认知 ……………………………………（121）
　　　任务二　综合监控系统的运营管理 ………………………………（125）

参考文献 ……………………………………………………………………（128）

模块一　客运设备

项目一　自动售检票系统

学习目标

1. 知识目标
(1) 了解自动售检票系统的架构;
(2) 了解自动查询机的功能;
(3) 掌握自动售检票系统的运营管理模式;
(4) 掌握自动检票机的使用方法、故障处理方法及应急处理程序;
(5) 掌握自动售票机的使用方法、故障处理方法及应急处理程序;
(6) 掌握半自动售票机的使用方法、故障处理方法及应急处理程序。

2. 能力目标
(1) 能使用自动检票机及处理故障;
(2) 能使用自动售票机及处理故障;
(3) 能使用半自动售票机及处理故障。

学习任务

(1) 自动售检票系统的认知;
(2) 自动检票机的使用及应急处理;
(3) 自动售票机的使用及应急处理;
(4) 半自动售票机的使用及应急处理;
(5) 自动查询机的认知。

教学建议

可在具有自动售检票系统设备模型或仿真系统的实训室开展"教、学、做"一体化教学;或者先进行理论教学,再到地铁车站由售票员、客运值班员或值班站长结合现场设备进行教学。

任务一　自动售检票系统的认知

所谓自动售检票系统(Automatic Fare Collection System,简称 AFC)是以磁卡或 IC 卡为车票介质,利用自动售票机、半自动售票机、自动检票机、查询机等终端设备,并通过计算机网络实现轨道交通运营中的自动售票、自动检票、自动计费、自动收费、自动统计、自动清分的封闭式票务管理自动化系统。图1.1为乘客使用自动售检票系统的整个流程。

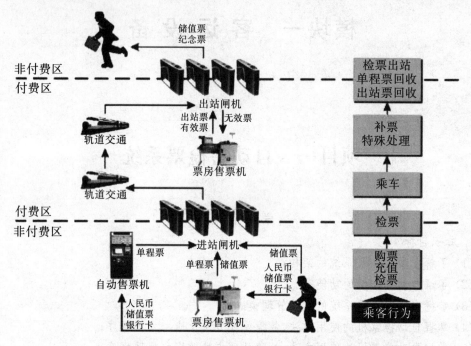

图1.1 乘客使用自动售检票系统的整个流程

一、自动售检票系统运营管理模式

自动售检票系统包括三种运营管理模式:正常运营模式、降级运营模式和紧急放行模式。图1.2为车站计算机系统中自动售检票系统的运营管理模式。

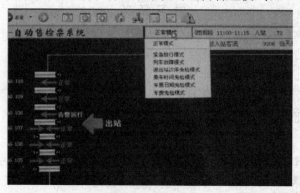

图1.2 车站计算机系统中自动售检票系统的运营管理模式

1. 正常运营模式

通常情况下,自动售检票系统在正常运营模式下自动运行。正常运营模式是系统默认模式,包括正常服务模式和关闭服务模式。前者可以进行正常的售票、检票、补票等处理;后者不对车票进行任何处理。

2. 降级运营模式

在运营过程中出现特殊情况,为保证客运安全和运营效益,应根据实际情况,经设定进入相应的降级运行模式。基本降级运行模式包括:时间免检模式、超程免检模式、列车故障模式等。

(1) 列车故障模式

① 设置条件。当轨道交通运营发生列车故障并在短时间内很难修复时,系统将设置为"列车故障模式"。

② 对车票的处理:

(a) 设置列车故障模式的出站检票机应根据车票的票种及进站地点作不同处理:

ⅰ 对本站进站的单程票及计次票不扣除车费或乘次,单程票不回收,并写入此模式的标志信息。

ⅱ 对本站进站的其他车票不扣任何车费,并写入出站码和此模式的标志信息。

ⅲ 对其他车站进站的单程票及乘次票不扣除车费或乘次,单程票不回收,并写入此模式的标志信息。

ⅳ 其他车站进站的其他类型车票不扣车费,写入出站码和此模式的标志信息。

(b) 列车故障模式结束后,所有车站的自动检票机对车票的处理:

ⅰ 若单程票或计次票具有列车故障模式标志信息,并在规定时间段内(系统设置),则允许从任何车站进站使用,出站时根据实际车费进行检查,车费不足应到半自动售补票机进行超程更新处理。

ⅱ 对于储值票等其他车票,正常使用和扣费。

(2) 进站免检模式

① 设置条件。出现下列情况之一时,车站可设定为进站免检模式:

(a) 进站及双向检票设备全部故障;

(b) 客流集中进站,检票设备能力严重不足,危及乘客安全。

② 对车票的处理。在进站免检模式下,乘客不需检票直接进站。在正常情况下,其他车站对于无进站信息的车票视为模式站进站,乘客可持车票正常检票出站,出站时出站检票机自动补全车票信息,回收回收类车票。

(3) 出站免检模式

① 设置条件。出现下列情况之一时,车站可设定为出站免检模式:

(a) 出站及双向检票设备全部故障;

(b) 客流集中出站,检票设备能力严重不足,危及乘客安全时。

② 对车票的处理。在出站免检模式下,乘客出站无需检票,可直接出站。持非回收类车票的乘客在规定日期内再次进站时,进站检票机依据车票内进站信息和模式信息扣除上次乘车费用后,按照正常检票进站。回收类车票作废,不可再次使用。

(4) 日期免检模式

① 设置条件。若由于地铁的原因导致车票过期或设备时钟出现故障,系统可设置为日期免检模式。

② 对车票的处理。设置此模式的出站检票机对所有车票不检查车票上的有效日期,但是仍检查车票的其他信息,如进站码、车票票值等,所有车票均按正常票价扣费。

(5) 时间免检模式

① 设置条件。若由于地铁的原因导致车票超时或设备时钟出现故障,系统可设置为时间免检模式。

② 对车票的处理。设置此模式的出站检票机对所有车票不检查车票上的进站时间,但是仍检查车票的票值、进站码、日期等,所有车票均按正常票价扣费。

(6) 超程免检模式(车费免检模式)

① 设置条件。若某个车站由于事故或者故障而关闭,导致列车越过该站后才停车,可根据相关规定的要求设置超程免检模式。

② 对车票的处理。设置此模式的出站检票机不检查车票的余值,但检查车票的其他信息,如车票的进站码、时间、日期等,储值票扣最低票价,乘次票扣一个乘次,轨道交通专用票回收。

3. 紧急放行模式

(1) 设置条件

在运营过程中,当车站或列车发生火灾、爆炸等危及乘客和工作人员安全的紧急情况,需要乘客紧急撤离车站时,启用紧急放行模式。

(2) 对车票的处理

所有检票机不对车票进行写处理。如有车票放于读卡器上,不对车票进行写操作,城市轨道交通专用票不回收。回收类车票凭原票免费乘坐一次,或者根据运营相关规定,原额退票。非回收类车票再次进站时,进站检票机不收取上次乘车费用,补齐出站记录后按正常检票进站。

二、城市轨道交通自动售检票系统架构

城市轨道交通自动售检票系统是处理城市范围内众多轨道交通线路售检票业务的管理系统,涉及路网业务、线路业务、车站处理、终端处理和车票媒介等方面的内容。根据业务和层次,城市轨道交通自动售检票系统架构包含五个层次,如图1.3所示。

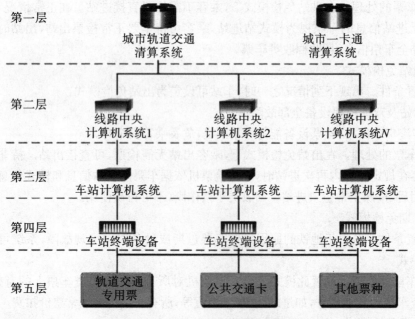

图1.3 城市轨道交通自动售检票系统架构

1. 城市轨道交通清分系统

(1) 组成

城市轨道交通清分系统包括服务器、工作站、网络设备、车票编码/分拣机、不间断电源和打印机等。

(2) 基本功能

城市轨道交通清分系统的主要功能是统一城市轨道交通自动售检票系统内部的各种运行参数,收集城市轨道交通系统单程票产生的交易,审计数据并进行数据清分和对账,单程票的初始化和调配,应急票的制作,线路之间的票款清分和客流统计,辅助各业务部门进行分析决策,同时负责 AFC 与城市一卡通清算系统之间的对账、清分和结算等。

2. 线路中央计算机系统

(1) 组成

线路中央计算机系统包括服务器、工作站、网络设备、不间断电源和打印机等。

(2) 基本功能

线路中央计算机系统(安装在线路控制中心内)是 AFC 的管理控制中心,可以采集全线路 AFC 的交易数据和设备运营状态信息,进行财务和客流统计;能接收和下传费率表、优惠表、黑名单及其他参数和控制命令至各车站计算机系统及车站终端设备。

3. 车站计算机系统

(1) 组成

车站计算机系统(安装在车控室或票务室内)包括服务器、工作站、网络设备、工作站、紧急按钮、不间断电源和打印机等。

(2) 基本功能

车站计算机的基本功能:负责采集本车站范围内的售检票交易数据、设备状态数据及其他运营数据,监视终端设备的运行状态,根据需要向单个或一组终端设备下达运营参数和设备控制指令。

4. 车站 AFC 系统终端设备

(1) 组成

车站 AFC 系统终端设备(安装在各车站的站厅)包括自动售票机、自动检票机、半自动售票机及自动查询机。

(2) 基本功能

车站终端设备是直接为乘客提供售检票服务的设备。

5. 车票

车票,相当于一条生产线的最终产品。如图 1.4 所示。

图1.4 单程票

(1) 分类

① 单程票：当日一次乘车使用，限在购票车站进站，按乘车里程计费。

② 出站票：由半自动售/补票设备发售，仅限发售出站票的车站当日出站时使用。

③ 往返票：当日限定两车站间一次往返乘车时使用，按乘车往返里程计费，超程时需补出站票出站。

④ 一日票：在购票当日内不限次使用，车票使用时需检查进出站次序。

⑤ 福利票：适用于持可免票证件的乘客在半自动售/补票设备换取的车票，使用方式同单程票。

⑥ 区段票：

（a）区段计次票——在有效期内在规定区段内计次使用，超过规定区段需补票。

（b）区段定期票——在规定区段内定期使用，超过规定区段需补票。

⑦ 纪念票：

（a）定值纪念票——在有效期内使用，每次乘车按里程计费。

（b）计次纪念票——在有效期内计次使用，每次乘车不计里程。

（c）定期纪念值——在有效期内不限次数使用，每次乘车不计里程。

⑧ 员工票：内部员工记名使用的计次票。

⑨ 车站工作票：由车站工作人员持有，仅限指定车站使用，不检查进出站次序。

⑩ 储值票：指车票内预存有一定资金，在金额足够的情况下可多次使用的车票，每次使用时根据费率扣除乘车费用，出站不回收。储值票一般分为记名储值票和不记名储值票。

(2) 车票管理流程

车票管理流程如图1.5所示。

图1.5 车票管理流程

任务二　自动检票机的使用及应急处理

自动检票机简称闸机（Automatic Gate，AG），是实现乘客自助进出站检票交易（在非付费区和付费区间通行）的设备，对于有效车票，检票机通道阻挡解除（门扇开启或释放转杆），允许乘客进出站。

一、自动检票机分类与功能

1. 自动检票机的分类

自动检票机根据功能可以划分为进站检票机、出站检票机和双向检票机三种。进站检票机用于完成进站检票，检票端在非付费区；出站检票机用于完成出站检票，检票端在付费区；双向检票机既可完成进站检票也可完成出站检票，在付费区和非付费区可分别按照进站和出站的处理规则完成检票功能。

自动检票机根据阻挡装置的类型可以分为三杆式检票机（图1.6）、扇门式检票机（图1.7）、拍打门式检票机（图1.8），根据通道宽度可以分为普通检票机和宽通道检票机（图1.9）两种类型。

图1.6　三杆式检票机

图1.7　扇门式检票机

图1.8　拍打门式检票机

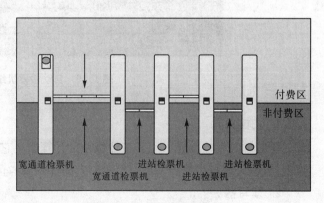

图1.9　宽通道检票机

2. 自动检票机的功能

(1) 自动对车票进行有效性检验,对有效车票进行相应处理后放行乘客,对无效车票拒绝放行;

(2) 对车票处理结果给出明确的提示信息;

(3) 对通道的通行状态给出明确的指示;

(4) 对特殊车票的使用给出明确的提示;

(5) 对需要回收的车票执行回收操作;

(6) 对各部件的工作状态进行自动监测,并向车站计算机系统上报工作状态;

(7) 接收车站计算机系统下发的参数和控制命令,并执行相应的操作;

(8) 存储并上传交易信息;

(9) 接收紧急按钮信号并控制设备的操作。

二、自动检票机结构组成

自动检票机结构包括:主控单元(工控机)、读写器(进站端/出站端)、通道阻挡装置、车票回收装置(出站端)、乘客信息显示屏(进站端/出站端)、通道方向指示器及顶棚导向指示器(进站端/出站端)、警示顶灯及蜂鸣器等。如图1.10所示。

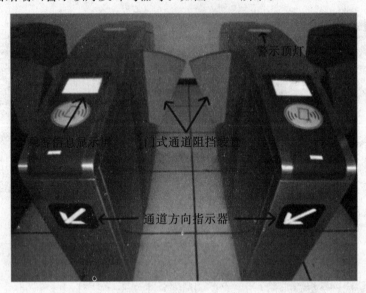

图1.10 自动检票机结构

1. 主控单元

检票机的主控单元采用了工业级别的计算机。它是检票机的核心部分,负责运行主控软件,可以实现对车票的处理、数据通信、状态监控及故障检测等功能。

2. 读写器

检票机内安装有读写器,可对车票进行有效性判断和扣款等票务处理工作。在检票机的进站端安装有进站读写器,主要对进站乘客所持票卡进行进站票务判断和处理;在检票机的出站端安装有出站读写器,主要对出站乘客所持票卡进行出站票务判断和处理。

3. 通道阻挡装置

通道阻挡装置的主要功能特点如下：

(1) 当乘客检票时，应靠近票卡读写感应区站立。如果乘客在未出示票卡检票或检票未成功时，站立于通道内部，检票机将视其为闯入人员，进行声光报警。

(2) 当通道在某个方向（进站方向或出站方向）上打开后，通道的相反方向将不能通行。若强行通行，通道扇门将关闭，直到闯入人员退出通道后，扇门才会打开。

(3) 具有 1 分钟的通道释放超时功能。当检票成功后，检票机打开扇门释放通道，从这一时间点开始往后 1 分钟内如果没有乘客通过通道，扇门将自动关闭。

(4) 具有对免票儿童进行身高判断的功能。当一名成人带领若干名身高达到免票要求的儿童在检票机上检票进站或者出站时，该成人需将一张车票在检票机上进行检票，当检票成功后扇门打开，此时达到免票身高的若干名儿童可优先于成人通过检票机通道，扇门在 1 分钟内不会关闭，在若干名身高达到免票要求的儿童全部通过检票机通道后，该成人可以在 1 分钟的通道释放超时之内继续通过检票机通道，然后检票机扇门关闭。

4. 车票回收装置

具有出站功能的检票机内安装有车票回收装置。检票机对需要回收再利用的车票进行出站检票，如果检票成功，车票将被回收；如果检票失败，车票将由原入票口退回给乘客。

票口指示灯安装于票口处，表示检票机当前是否可接受车票检票。当检票机可接受车票检票时，该灯亮；当检票机正在处理车票或检票机出现故障，不能接受处理车票检票时，该灯灭。

5. 乘客信息显示屏

乘客信息显示屏安装于检票机通道进站端或出站端的机壳顶盖上方，便于乘客在检票时观看检票相关信息。显示屏采用图形显示，在正常模式下，以中英文显示设备状态、车票使用信息和通行指示信息，在故障状态或暂停服务的模式下，显示运营状态与运营模式信息及相应的故障代码。

6. 通道方向指示器及顶棚导向指示器

通道方向指示器位于检票机前后两端的面板上，由绿色箭头和红色禁止符号组成。绿色箭头表示检票机通道的该入口方向为允许通行，红色禁止符号表示检票机通道的该入口方向为禁止通行。顶棚导向指示器安装于检票机通道上方，与通道方向指示器联动，如图 1.11 所示。

图 1.11 顶棚导向指示器及通道方向指示器

7. 警示顶灯及蜂鸣器

检票机的顶部安装一个可显示绿色和红色的警示灯及蜂鸣器,其安装及设计与检票机整体设计相协调。

警示顶灯可以通过绿色或红色等显示方式单独或组合使用。蜂鸣器具有声音警示作用,提供各种形式的声光报警。

各类车票在检票机上检票时,检票机可以通过运营参数表中对不同车票信息的声光提示设置,为运营人员提供特定的声光提示。

三、自动检票机的工作模式

自动检票机(闸机)的工作模式有:正常服务模式、暂停服务模式、故障模式、维护模式、紧急放行模式和车站关闭模式等。

(1)"正常服务模式"对应于对自动检票机的通常的操作。

(2)"暂停服务模式"可以通过车站计算机发出的一个特定指令设置(可以对某通道或某阵列的自动检票机进行设置),或者可以由维护操作人员直接设置。该模式也可以在自动检票机发现电源故障、出现某个设定的事件、自动检票机的维护门被打开时以及根据一个预先设置的时间表而自行设置。在该模式下,乘客不能使用自动检票机。

(3)"故障模式"是系统检测到自动检票机某模块存在故障无法自身修复,需要人工进行修复,此时乘客不能使用自动检票机。

(4)"维护模式"是当自动检票机维护人员对自动检票机进行维护操作。在该模式下,乘客不能使用自动检票机。

(5)"紧急放行模式"下,扇门将打开,乘客可以自由地通过自动检票机而不用进行验票。该模式可以通过车站计算机设置命令对所有自动检票机实现,也可以通过紧急按钮或火灾报警系统实现。紧急放行模式具有最高优先级,可以覆盖其他五种模式。

(6)"车站关闭模式"下,该模式可以通过车站计算机设置命令对所有自动检票机实现,或者通过维护操作人员设置,或自动检票机根据特定的时刻表自动设置。

四、更换票箱的操作

以某地铁的自动检票机为例。闸机的票箱满时,须更换闸机票箱。此时,自动检票机切换为"暂停服务"模式。

1. 取票箱

① 打开维修门。如图 1.12 所示。

② 使用维护键盘,进入"更换闸机票箱"选项,选择 1 或 2。如图 1.13 所示。

图 1.12　检票机维修门　　　　　　图 1.13　更换闸机票箱界面

③将需要取下的票箱的票箱盖板翻起插入,盖板关闭票箱进票处,此时盖板边有绿色指示灯亮起。如图1.14所示。

④按动票箱底部底座上的向下按钮,使票箱滑块下降至底座部位。然后使用配套钥匙将票箱上方解锁。如图1.15所示。

图 1.14　票箱

图1.15　票箱及电动机按钮

⑤按住票盒下方解锁按钮,将票盒取出。如图1.16所示。

⑥从底座上取下票箱。如图1.17所示。

图 1.16　票箱解锁按钮

图 1.17　票箱取出

2. 装票箱

①检查检票机回收装置上的票箱滑块是否降至底部,并且检查票箱内部滑块是否也降至底部。如图1.18和图1.19所示。

图1.18　检票机上的票箱滑块

图 1.19　票箱内部滑块

② 将票箱推入回收装置。
③ 使用配套钥匙将票箱锁锁住。
④ 将票箱盖抽出，垂下。盖板边绿色指示灯熄灭。
⑤ 按动票箱底部底座上的向上按钮，使票箱滑块上升至正确部位。
⑥ 使用维护键盘，进入"更换闸机票箱"选项，选择 3 或 4。
⑦ 关上维修门。

五、自动检票机常见故障处理

1. 启动 AG 后亮起报警灯

原因：有传感器被遮挡。

解决办法：启动设备后机器内部逻辑会对传感器进行测试，如果测试失败会亮起报警灯，这种问题一般是传感器的透窗被灰尘或异物遮挡导致，请清洁传感器并重新启动设备。

2. AG 屏幕显示"网络连接失败"

原因：是由于网络出现故障造成的。

解决办法：
(1) 检查检票机和服务器之间的网络连接是否正常；
(2) 检查系统服务器软件是否正常运行。

3. AG 启动后显示"暂停服务"，不能进入工作状态

原因：可能是由于维修门没有关上或者维修面板未注销。

解决办法：
(1) 检查维修门并将维修门全部关紧上锁；
(2) 检查维修面板是否已注销。

4. AG 启动后乘客显示器没有显示

原因：检票机内部工控机没有开机或显示器处于关闭状态。

解决办法：打开工控机电源或打开显示器电源。

六、自动检票机的应急处理程序

(1) 全部进闸机故障或进闸机能力不足的处理程序，如图 1.20 所示。

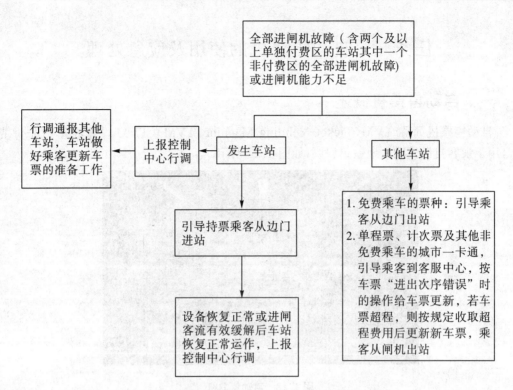

图1.20 全部进闸机故障或进闸机能力不足的处理程序

(2) 全部出闸机故障或出闸机能力不足的处理程序,如图1.21所示。

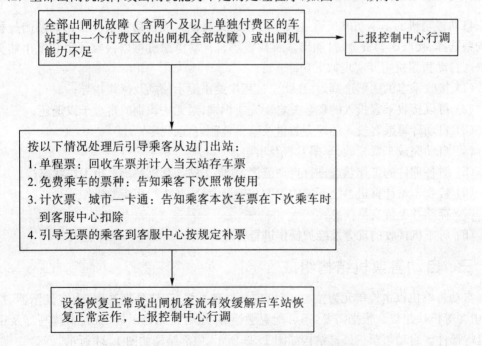

图1.21 全部出闸机故障或出闸机能力不足的处理程序

任务三 自动售票机的使用及应急处理

一、自动售票机概述

自动售票机简称 TVM(Ticket Vending Machine,TVM),TVM 设置在车站非付费区,用于乘客自助式购买地铁单程票,如图 1.22 所示。

图 1.22 自动售票机

二、自动售票机的功能

自动售票机的基本功能是通过乘客的自助式操作完成自动售票。自助购票的过程包括购票选择、接收购票资金、自动出票及找零等。自动售票机可以接收硬币和纸币购买单程票。自动售票机主要实现如下功能:

(1) 接收乘客的购票选择,并在购票过程中给出提示信息及操作指导;
(2) 可以接收乘客投入的现金并自动完成识别,对无法识别的现金予以退还;
(3) 自动计算乘客投入的现金数量及购票金额,自动找零;
(4) 自动完成车票校验、车票发售及出票;
(5) 对各部件的工作状态进行自动监测,并向车站计算机系统上报工作状态;
(6) 接收车站计算机系统下发的参数和控制命令,并执行相应的操作;
(7) 存储并上传交易信息;
(8) 对本机接收的现金及维护操作进行管理。

三、自动售票机结构组成

自动售票机以主控单元为核心,辅以现金处理装置、车票处理装置、乘客显示器、打印机、电源等模块组成。根据需要,还可配置触摸屏、运营状态显示器、银行卡读写器及密码键盘等部件。自动售票机外部结构如图 1.23 所示,内部结构如图 1.24 所示。

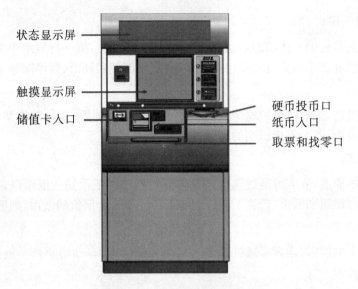

图 1.23　自动售票机外部结构

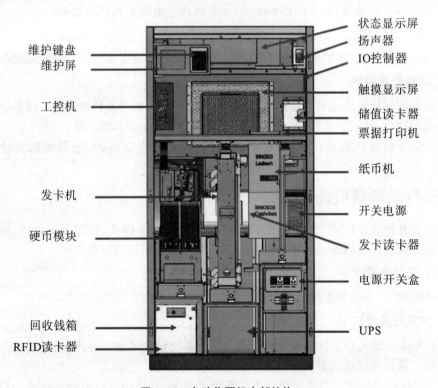

图 1.24　自动售票机内部结构

1. 触摸显示屏（乘客显示器）

触摸显示屏是乘客与自动售票机交互的窗口，通过触摸显示屏选择购票线路、购票车站、购票数量、确认购票、取消购票等操作。

2. 状态显示屏

显示自动售票机的工作状态信息,状态显示屏共有两行,第一行显示中文,第二行显示英文。状态显示屏显示的信息主要包括正常运行、仅能使用硬币、暂停服务等信息。

3. 硬币投入口

硬币投入通道,乘客可通过这个入口将硬币投入自动售票机,自动售票机会根据售票流程自动识别硬币,若为不能识别的硬币,则退回给乘客。

4. 纸币入口

插入纸币的通道,乘客可通过这个入口将规定面值的纸币插入纸币口,自动售票机会根据售票流程自动识别纸币,若为不能识别的纸币或不符合面值的纸币,则退回给乘客。

5. 储值卡入口

插入储值卡的通道,乘客可通过这个入口插入储值卡,自动售票机会根据售票流程自动处理储值卡流程。

6. 取票和找零口

取票和找零的通道,若自动售票成功,乘客可在这里取票和硬币找零。

7. TVM 主控单元

负责运行控制软件,完成车票处理、现金处理显示、数据通信、状态监控等功能。

8. 现金处理模块

现金处理模块是安全管理的最重要部件,包括现金识别设备和现金找零设备。

现金识别设备包括:入币口、传输装置、识别模块、暂存器和钱箱等。

现金找零设备一般至少包括:循环找零机构、补充找零机构、清币机构及硬币回收机构。

四、自动售票机的工作模式

主要有五种工作模式,分别为正常服务模式、降级服务模式、暂停服务模式、维修模式和关闭服务模式。可以通过自动售票机本身或车站计算机进行设置切换。

1. 正常服务模式

在该模式下,自动售票机具有完整的售票和找零功能。

2. 降级服务模式

(1) 无找零模式。当找零装置中的钱币低于系统设置的最少存币时,自动售票机转换为该模式。纸币和硬币的最少存币量可以通过参数设置。

(2) 只收硬币模式。当纸币装置不能继续工作时,自动售票机会自动转换为只收硬币模式,在该模式下,自动售票机只接收储值卡和硬币,纸币投入口关闭,不接收纸币。一般来说,纸币装置不能继续工作的原因主要有:纸币箱满、纸币箱没安好、纸币模块发生故障。

(3) 只收纸币模式。当硬币接收装置不能正常工作时,自动售票机将自动转换为只收纸币模式。在该模式下,自动售票机只接收纸币和储值卡,硬币口关闭,不接收硬币。

3. 暂停服务模式

当自动售票机出现故障不能售票时,自动售票机自动转换为暂停服务模式,并将信息上传至车站计算机系统。

4．维修模式

可通过自动售票机内部维护面板进行设置。在该模式下，自动售票机停止售票服务。

5．关闭服务模式

当接收到中央计算机系统、车站计算机系统启动关闭运行模式指令时，或每天运行结束后，自动售票机自动转换为关闭服务模式。在该模式下，自动售票机停止车票发售，并进入节能状态，但仍保持和车站计算机的通信连接状态。

五、更换钱箱的操作

以某地铁的自动售票机更换纸币箱为例。在运营中更换钱箱时，应确认乘客的交易已完成并设置"暂停服务"后方可开始操作。

(1) 打开自动售票机维护门。如图1.25所示。

(2) 通过密码键盘输入操作编号和操作密码，检验通过后维护显示屏上将显示命令菜单，选择"更换钱箱"→"更换纸币回收箱"菜单命令，如果权限检查正确，则屏幕显示主机应答，否则更换钱箱将报警。如图1.26所示

图1.25　自动售票机维护门

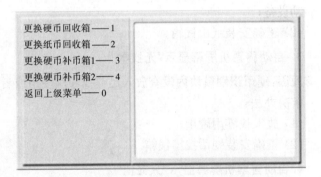

图1.26　更换钱箱子菜单

(3) 将固定压杆打到松开位置。如图1.27所示。

(4) 使用钥匙解除钱箱和纸币机识别头部间的滑轨连接，将纸币钱箱从滑轨中拉出。如图1.28所示。

图1.27　固定压杆松开位置

图1.28　拉出纸币钱箱

(5) 将一个空的新纸币钱箱插入滑轨，再用钥匙锁好。
(6) 关闭维护门。

六、自动售票机常见故障处理

1. 自动售票机启动后显示"只收纸币"

原因：硬币处理模块有卡币或硬币箱没有正确安装。

解决办法：

(1) 启动设备后机器内部逻辑会对硬币模块进行测试，如果测试失败会进入"只收纸币"状态，这种问题一般是由于硬币识别模块被硬币或其他异物堵塞导致，请检查硬币识别模块并重新启动设备；

(2) 正确安装硬币箱。

2. 自动售票机屏幕显示"只收硬币"

原因：纸币识别模块卡币或者纸币钱箱没有正确安装。

解决办法：

(1) 一般是由于纸币识别模块被纸币或其他异物堵塞导致，请检查纸币识别模块并重新启动设备；

(2) 正确安装纸币钱箱。

3. 自动售票机屏幕显示"无找零"

原因：硬币识别模块内没有放入足够找零用硬币或者硬币找零钱箱没有正确安装。

解决办法：

(1) 放入找零用硬币；

(2) 正确安装硬币找零钱箱。

4. 自动售票机屏幕显示"只充值"

原因：单程票发售模块内没有放入车票或者票箱没有正确安装。

解决办法：

(1) 放入发售用车票；

(2) 正确安装票箱。

5. 自动售票机启动后显示"暂停服务"，不能进入工作状态

原因：维修门没有关上，或者维修面板故障。

解决办法：

(1) 检查维修面板，若有故障需联系厂家；

(2) 检查维修门并将维修门全部关紧上锁。

七、自动售票机的应急处理

(1) 自动售票机故障或能力不足的应急处理程序，如图 1.29 所示。

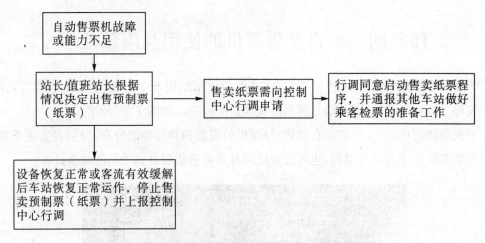

图 1.29　自动售票机故障或能力不足的应急处理程序

(2) 自动售票机和半自动售票机全部故障的应急处理程序，如图 1.30 所示。

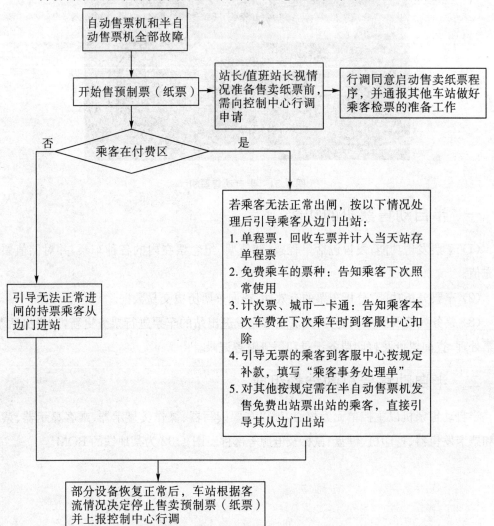

图 1.30　自动售票机和半自动售票机全部故障的应急处理程序

任务四　半自动售票机的使用及应急处理

半自动售票机(BOM)通常安装在售/补票房或车站服务中心,由售票人员操作,完成车票发售、加值、车票分析(验票)、退票及其他票务服务。如图1.31所示。

根据现场应用要求,可将半自动售/补票机的售票和补票功能分开,分别设置成单独的半自动售票机或半自动补票机,也可设置成同时具有售票和补票功能的综合设备。

图1.31　半自动售票机

一、半自动售票机的功能

(1) 车票发售功能:发售包括单程票、储值票、纪念票在内的各种车票,并对储值票进行充值。

(2) 车票分析功能:分析车票的有效性,查询车票历史交易数据。

(3) 票务处理及服务功能:对无法正常完成进出站的车票进行票务更新,发售出站票,退票处理,查询票价及打印票务记录和每班财务记录。

二、半自动售票机的结构组成

半自动售票机以主控单元为核心,辅以车票读写器、操作员显示器、乘客显示器、票卡箱和票卡发售器、打印机、键盘、鼠标及电源等部件。图1.32为某地铁的BOM。

图 1.32　BOM 的外部结构

1. 筹码自动发售器；2. 乘客显示器；3. 操作员显示器；4. 票据打印机；5. 鼠标；
6. 键盘；7. 个人电脑(柜内)；8. 多功能电源插座；9. CSC/CST 读/写模块

三、半自动售票机工作模式

1. 售票模式

这种模式为给非付费区的乘客处理车票。该模式下可以对车票进行进出站码更新、发售和加值。

2. 补票模式

这种模式为给付费区的乘客处理车票。该模式下可以对车票进行进出站码更新、超程更新、超时更新、发售免费/付费出站票和加值。操作员必须通过键盘输入员工号和密码进行注册登录。只有登录有效,操作员才被允许进行后续的操作。

3. 售后模式

售后模式提供票卡充值、退票、更新、锁卡/解卡等功能。

四、半自动售票机常见故障处理

1. 半自动售票机无法充值

原因:储值卡读卡器没有正确连接。

解决办法:正确连接储值卡读卡器。

2. 半自动售票机屏幕显示"网络连接失败"

原因:是由于网络出现故障造成的。

解决办法：

(1) 请检查半自动售票机和服务器之间的网络连接是否正常；

(2) 请检查系统服务器软件是否正常运行。

3. 半自动售票机乘客显示器没有显示

原因：可能是由于乘客显示器电源没有打开或者连接错误。

解决办法：打开乘客显示器电源或者检查线缆连接。

4. 半自动售票机不能打印凭条

原因：可能是由于打印机电源没有打开或者打印纸已经用尽。

解决办法：检查打印机电源或者正确安装打印纸。

5. 半自动售票机无法发售单程票

原因：单程票发售模块内没有放入车票或者票箱没有正确安装。

解决办法：

(1) 放入发售用车票；

(2) 正确安装票箱。

6. 半自动售票机启动后显示"暂停服务"，不能进入工作状态

原因：可能是由于维修门没有关上。

解决办法：检查维修门并将维修门全部关紧上锁。

7. 半自动售票机打印的凭条没有内容

原因：打印机色带没有安装或者已经用尽。

解决办法：正确安装色带或更换色带。

8. 半自动售票机启动后操作员显示器没有显示

原因：半自动售票机内部工控机没有开机或显示器处于关闭状态。

解决办法：打开工控机电源或显示器电源。

五、半自动售票机故障的应急处理

半自动售票机故障的应急处理如图 1.33 所示。

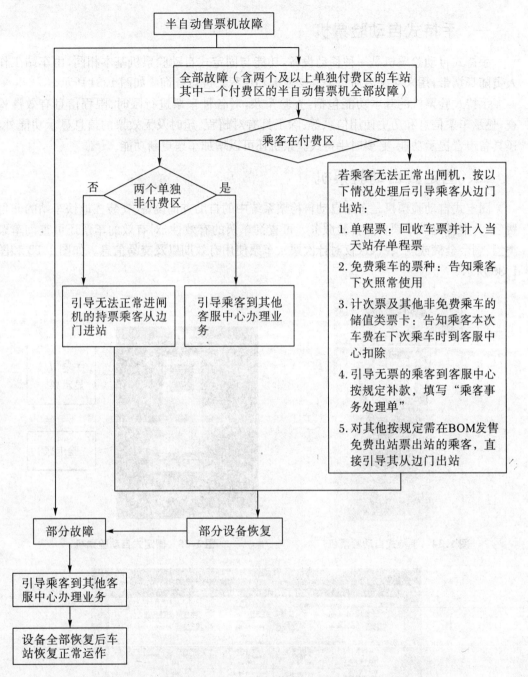

图 1.33　半自动售票机故障的应急处理

任务五　自动查询机的认知

自动查询机/自动验票机简称 TCM（Ticket Checking Machine），分为固定式自动验票机和手持式自动验票机两种。

一、手持式自动验票机

手持式自动验票机是一种移动设备,功能与固定式自动验票机基本相同,由车站工作人员随身携带,用来对乘客所持公共交通卡和单程票进行查询。如图1.34所示。

手持式验票机的基本功能包括:查验车票,对各种车票进行限时、限程信息有效性检查,显示车票信息和历史使用信息等;除了具有对超程、超时及无效票的信息显示功能外,还具备声音提示功能,必要时手持式验票机还可以增加车票更新功能。

二、固定式自动验票机

固定式自动验票机是车站自动售检票系统中的自助查询设备,安装在地铁车站的非付费区,为乘客提供车票自助查验服务。可查询车票的有效性,对有效的车票还可查询车票类型、剩余金额或剩余次数(仅对计次票)、车票使用有效期以及交易信息。如图1.35和图1.36所示。

图1.34 手持式自动验票机

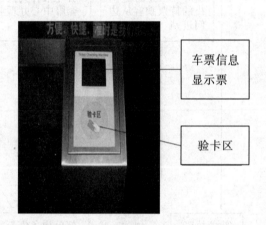

图1.35 固定式自动验票机

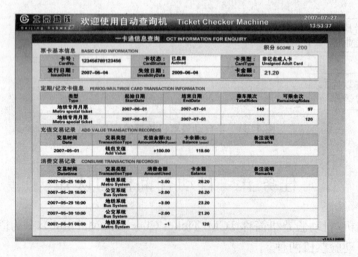

图1.36 自动查询机操作界面

模 拟 实 训

1. AFC车站计算机系统模拟实训

【实训任务】

AFC车站计算机系统的硬件设备及系统功能认知。

【实训目的】

了解车站计算机系统的工作过程。

【实训要求】

(1) 认知车站计算机系统的硬件设备；

(2) 了解车站计算机系统和中央计算机系统及车站终端设备之间的协调工作过程。

【实训环境】

具有AFC车站计算机系统及车站终端设备的理实一体化教室或真实的地铁车站。

2. 自动售票机模拟实训

【实训任务】

在自动售票机上购买单程票。

【实训目的】

了解单程票的购买流程及自动售票机的使用。

【实训要求】

(1) 熟悉自动售票机的操作界面；

(2) 能熟练使用自动售票机进行购票。

【实训环境】

具有自动售票机的实训室或具有自动售票机的地铁车站。

3. 自动检票机模拟实训

【实训任务】

自动检票机的使用及故障处理。

【实训目的】

熟悉自动检票机内部结构及故障的判断与处理。

【实训要求】

(1) 熟悉自动检票机的内部结构；

(2) 能够对自动检票机进行票箱的更换、故障的判断及处理、日常检查维护等操作。

【实训环境】

具有自动检票机的理实一体化教室或仿真实训室，或真实的地铁车站。

4. 半自动售票机的模拟实训

【实训任务】

半自动售票机的操作。

【实训目的】

熟悉半自动售票机的正常使用。

【实训要求】

(1) 熟悉半自动售票机的系统组成；

(2) 能够在半自动售票机上熟练地进行售票、充值等操作。

【实训环境】

具有半自动售票机的理实一体化教室或仿真实训室,或真实的地铁车站客服中心。

复习思考题

1. 简述自动售检票系统的五层架构及其功能。
2. 简述自动售检票系统的概念。
3. AFC车站设备主要包括哪些?
4. 简述自动检票机的分类、结构组成及功能。
5. 简述自动售票机的结构组成及功能。
6. 简述半自动售票机的结构组成及功能。
7. 简述自动检票机、自动售票机、半自动售票机的故障现象和解决办法。
8. 简述自动检票机、自动售票机、半自动售票机的应急处理程序。
9. 简述自动检票机更换票箱的过程。
10. 简述自动售票机更换钱箱的过程。
11. 简述自动检票机、自动售票机、半自动售票机的工作模式。

案例分析

深圳地铁罗宝线(1号线)已于2011年6月16日开通,此线路为1号线续建工程,由世界之窗至深圳机场,全长23.622千米。

考虑到罗宝线全线运营后将面临的大客流服务压力,市地铁集团通过对自动售检票系统(AFC)、交通接驳系统以及无障碍设施系统等方面的改善,提升乘客出行效率,满足网络化运营需求。

全线配备自动售检票系统,实现了地铁车票的自动和半自动售票、自动检票、计费、收费、统计、清分、结算全过程的自动化管理,方便实用。在新开通的续建工程中,自动售检票系统还在外观上作了很大的人性化改进,可满足网络化运营票务管理的要求。

据介绍,罗宝线续建工程AFC系统采用非接触式IC卡制式及计程计时票制。在15个车站新设了AFC车站计算机系统和终端设备,并在竹子林控制中心新设中央计算机系统,可实现轨道交通AFC清算管理中心、线路中心、车站三级管理结构,通过不同的管理手段将实现对票、钱、物的全方位管理,以确保运营服务时系统可靠、安全。

此外,续建工程车站出入口的位置均与地面公交枢纽、出租车停靠站、行人过街地道进行了有效衔接,并在双方向的两个出入口均设置上下行扶梯,方便乘客出行,同时还可有效加快客流运转速度,提升市民出行效率。

值得一提的是,续建工程延续了罗宝线既有线"用心服务,贴心一路"的服务宗旨,各车站均设置了公共卫生间和无障碍设施,如残疾人电梯、盲道等,并与道路无障碍设施进行有效衔接,出入口处增设残障人士的导引发声装置。

而另外的3号线,是一条服务于本年第26届世界大学生运动会的城市轨道专线,连接罗湖中心区和龙岗区,首期工程起于红岭中路,以地下线的方式穿越罗湖建筑密集区后,变为高架线沿深惠路连接布吉、横岗,终点设在龙兴街站,共设车站22座、主变电站2座和车辆段与综合基地1座,线路全长约33千米。深圳地铁3号线工程作为龙岗区1号工程和市政府重点工程,也为城市地铁建设增添了许多景观。

　　深圳本土企业达实智能承接了地铁3号线的自动化集成系统建设,包括车站机电设备监控、车辆段机电设备监控、门禁系统、控制指挥中心大屏幕投影墙、自动化总集成等。自动化控制中心将集成信号系统、闭路电视监控系统、电力监控系统、火灾自动报警系统、公共广播系统、自动售检票系统、乘客资讯系统等28个子系统,代表了城市轨道交通综合监控技术发展的最高水平。据了解,在深圳现有的地铁中,每条线路各个子系统都是独立的,一旦发生事故,处置起来中间环节很多。城市轨道交通综合监控系统的应用,可以在一个控制室监控多个子系统,从而方便工作人员在发生事故时快速指挥处理。

　　(资料来源:http://www.gkong.com/item/news/2011/07/59506.html)

【问题】
1. 结合案例,讨论自动售检票系统的功能。
2. 结合案例,讨论自动售检票系统的管理架构。
3. 结合案例,讨论为了更好地向乘客提供服务,除了要设置自动售检票系统外,还应考虑设置哪些设备?

项目二　地铁车站楼梯、自动扶梯及电梯

学习目标

1. 知识目标
(1) 了解楼梯、自动扶梯及电梯设置的原则；
(2) 了解自动扶梯及电梯的构造；
(3) 了解自动扶梯及电梯的日常检修保养；
(4) 掌握自动扶梯操作方法及应急处理程序；
(5) 掌握电梯操作方法及应急处理程序。
2. 能力目标
(1) 能操作自动扶梯；
(2) 能操作电梯。

学习任务

(1) 地铁车站楼梯的认知；
(2) 自动扶梯的操作、应急处理及日常检修；
(3) 电梯的操作、应急处理及日常检修。

教学建议

可在具有自动扶梯及电梯设备模型或仿真系统的实训室开展"教、学、做"一体化教学；或者先进行理论教学，再到地铁车站出入口、站厅层及站台层由站务员、行车值班员或值班站长结合现场设备进行教学。

任务一　地铁车站楼梯的认知

地铁车站楼梯是车站建筑物中出入口与站厅、站厅与站台垂直交通用的构件，乘客使用的人行楼梯宜采用26°34′倾角。如图2.1所示。

图2.1　楼梯

一、楼梯设计原则

(1) 所有车站都应设通往各层的楼梯。楼梯不允许通往绿地。

(2) 所有的梯级以及楼梯的平台都应是防滑表面。

(3) 应在每段楼梯的最底和最高层台阶边缘用 50 mm 宽的连续、完整的条标示,以帮助有视觉障碍的乘客,其颜色与梯级应不同。

(4) 所有楼梯双侧应设有扶手,宽度超过 2 400 mm 的楼梯,应在楼梯中间也设置扶手。在最底和最高台阶处,扶手还应向外延伸至少 300 mm。

(5) 栏杆高度应距地面至少 1 000 mm。

二、地铁车站楼梯设计宽度

(1) 公共区的楼梯。楼梯设计为单向通行时,宽度不小于 1.8 m;设计为双向通行时,宽度不小于 2.4 m。楼梯宽度应符合建筑模数。每个梯段不超过 18 步。休息平台长度宜采用 1.2~1.8 m。

(2) 仅供紧急情况或工作人员使用的楼梯。车站内,由站台层到达轨行区的工作梯(兼区间乘客疏散到站台层)和消防专用楼梯,其宽度不小于 1.1 m。

三、楼梯的倾斜度

楼梯的倾斜度可根据"台阶公式"计算出来:

$$楼梯级宽 + 2 \times 楼梯级高 = 63 \text{ cm}$$

楼梯的倾斜度不得大于 16/31 cm(级高/级宽)。如果每个楼梯段上的踏步数目超过 18 级,中间应设一个平台,平台长度至少为 1.3 m,平台的坡度最大为 2%;如果每个楼梯段上的踏步数目少于 3 级,则用坡道代替。

四、楼梯设计参数

乘客使用的楼梯须遵循以下设计参数,如表 2.1 所示。

表 2.1 楼梯设计参数

项 目	每段楼梯的级数	级高(mm)	级宽(mm)
最小值	3	150	310
建议最大值	13	160	330
绝对最大值(紧急情况或工作人员使用)	18	190	250

任务二 自动扶梯的操作及应急处理

自动扶梯是用于建筑物的不同楼层间升降人员,由动力驱动的、倾斜的、连续运行的阶梯。其人员运载面(例如:梯级踏面)保持水平。行人在扶梯的一端站上自动行走的梯级,便会自动被带到扶梯的另一端,途中梯级会一路保持水平。自动扶梯主要设置于站厅与站台之间、出入口与站厅之间,以供乘客上、下时使用。如图 2.2 和图 2.3 所示。

图 2.2 站台与站厅之间的自动扶梯　　　图 2.3 站厅与出入口之间的自动扶梯

一、地铁车站自动扶梯的设置要求

（1）自动扶梯的设计应遵循"安全可靠、功能合理、技术先进、经济适用"和"以人为本"的设计原则，以提高轨道交通的整体运营服务水平为目标，达到满足功能要求、实现高效运转、节约投资和降低运营成本的目的。

（2）轨道交通为大型综合交通系统，自动扶梯必须采用重载荷公共交通型扶梯。自动扶梯应每天运行20小时，每周运行7天，每隔3小时能以100%制动载荷的重载荷连续运行1小时。

（3）自动扶梯传动设备、结构及装饰件应采用不燃材料或低烟无卤、阻燃材料。

（4）自动扶梯应有明确的运行方向指示。

（5）自动扶梯应配备紧急停止开关。

（6）车站出入口的提升高度超过6 m时，应设上行自动扶梯；超过12 m时应考虑上、下行均设自动扶梯。站厅与站台间应设上行自动扶梯，高差超过6 m时，上、下行均应设自动扶梯。当出入口至站厅、站厅至站台上行和下行全部采用自动扶梯时，应加设人行楼梯或备用自动扶梯。

（7）自动扶梯一般采用30°倾角，两台相对布置的自动扶梯工作点间距不得小于16 m；自动扶梯工作点至前面影响通行的障碍物间距不得小于8 m；自动扶梯与人行楼梯相对布置时，自动扶梯工作点至楼梯第一级踏步的间距不得小于12 m。

二、自动扶梯的构造

自动扶梯的构造如图 2.4 所示，它可以分为四大部分：

（1）梯路。梯路是自动扶梯的输送线路，包括梯级、牵引构件和梯路导轨系统。

（2）动力驱动装置。提供梯级和扶手带运行的动力，包括：电动机、减速器、制动器、传动链、驱动主轴；

（3）框架结构。用于自动扶梯各零件的组合和定位以及在现场的定位安置。

（4）控制与安全装置。控制与安全装置包括牵引链、张紧装置、梳板和扶手等。

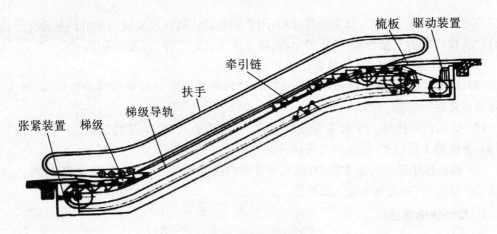

图 2.4 自动扶梯的构造

三、自动扶梯的操作按钮

在自动扶梯扶手的上、下两端,有"紧急停止按钮"、"启动钥匙开关"及"蜂鸣器和停止钥匙开关",用于自动扶梯的就地操作及控制,如图 2.5 所示。

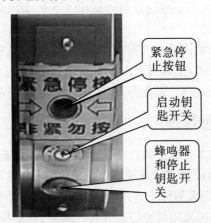

图 2.5 自动扶梯操作按钮

(1)"紧急停止按钮",在自动扶梯运行过程中当发生乘客摔倒或其他紧急情况时使用。

(2)"启动钥匙开关",用于自动扶梯上行或下行运行方向的选择。

(3)"蜂鸣器和停止钥匙开关":

① 启动自动扶梯时,将钥匙插入"蜂鸣器和停止开关"转至"蜂鸣器"侧,使蜂鸣器鸣响数秒,向周围人们发出将要运行的提示;

② 停止自动扶梯时,将钥匙插入"蜂鸣器和停止开关"转至"蜂鸣器"侧,使蜂鸣器鸣叫数秒,确认无人站在扶梯上后,将钥匙转至"停止"侧,使扶梯停止运行。

四、自动扶梯的运行

1. 自动扶梯开启

(1)自动扶梯开始运转前应检查扶梯踏板、扶手带、梳齿板、裙板保护胶条(或毛刷),

除去夹在里面的碎小石子、口香糖等杂物;用手感触确认裙板及竖板的润滑剂是否充分;确认自动扶梯周围的安全设施(三角警示牌、防止进入的栅栏等)有无破损等;

(2) 确认"紧急停止"按钮是否处于正常状态;

(3) 将钥匙插入"蜂鸣器和停止开关"转至"蜂鸣器"侧,使蜂鸣器鸣响数秒,向周围人们发出将要运行的提示;

(4) 确认自动扶梯上没有乘客或异物后,将钥匙插入"启动开关",转至"上行"或"下行"侧,并保持1秒以上,启动自动扶梯;

(5) 确认扶手带是否正常转动,如有异常声响或振动时,立即按动"紧急停止"按钮,停止自动扶梯运行,并通知专业人员检修。

2. 自动扶梯停止

① 将钥匙插入"蜂鸣器和停止开关"转至"蜂鸣器"侧,使蜂鸣器鸣叫数秒,确认无人站在扶梯上后,将钥匙转至"停止"侧,使扶梯停止运行;

② 用栅栏挡住梯口,放置"暂停服务"牌。

3. 紧急情况下自动扶梯的运行

在地铁车站运营期间,自动扶梯可能会发生超速运行、突然逆行、夹人夹物及乘客摔倒等意外事件,此时车站站务人员要及时让自动扶梯停下来,防止事态扩大。

具体操作步骤如下:

(1) 大声通知正站在自动扶梯上的乘客:"即将紧急停止扶梯,请抓紧扶手";

(2) 按压"紧急停止"按钮,使其凹下;

(3) 事故处理完毕以后,按动"紧急停止"按钮,使其恢复凸起。

五、自动扶梯运营管理

(1) 车站人员应引导乘客正确搭乘自动扶梯,对乘客不正确使用自动扶梯的行为应及时制止,以免发生危险。如自动扶梯运行时突然加减速、有异常声音或振动时,应组织正在扶梯上的乘客继续搭乘,待无人后停止运行,并等待专业人员检修。

(2) 正常条件下自动扶梯采用就地控制方式。同时,自动扶梯的运行状况由车站设备监控系统进行监视并将运行状态信息传输到控制中心,但车站设备监控系统不控制自动扶梯的运行。

(3) 在紧急或发生灾害情况下,车控室值班工作人员可通过车控室紧急停止按钮使车站非疏散自动扶梯全部停止运行,使其作为固定楼梯疏散乘客,而作为疏散用的自动扶梯将继续运行,承担疏散人群的任务。

六、自动扶梯客伤应急处理

当发生自动扶梯客伤事故时,应急处理程序如表2.2所示。

表 2.2　自动扶梯客伤事故应急处理程序

现场（或首先赶到的）员工	1. 现场发现或接收到扶梯发生人员伤亡事故的信息后，立即到现场处理 2. 若电梯运行时，大声通知该电梯上的乘客："请乘客抓好扶手，电梯立即停止运行"后，按下紧急停止按钮 3. 请现场的其他乘客协助救助当事人，将当事人平抬出扶梯，并挽留至少两名目击者做证人 4. 报告车控室 5. 将目击证人移交给车站值班员（客运）处理 6. 协助值班站长处理
车站行车值班员	1. 通知值班站长、车站值班员（客运）到现场处理，安排人员到现场维持秩序，封锁现场 2. 报行调、维调、地铁公安、120急救中心（视现场情况定） 3. 暂停扶梯的使用，并做好防护，未得到事故处理负责人的允许，严禁任何人动用该扶梯
值班站长	1. 担任现场指挥，负责现场事故的处理，协调各岗位工作 2. 确认当事人的伤势情况，进行紧急救助（简单的包扎等），用担架送到出口外等候救护车 3. 组织进行物证、人证的取证工作
车站客运值班员	1. 到现场负责专项跟进目击证人工作，并将目击证人带到会议室书写目击经过 2. 必须请目击证人写下个人的真实资料并妥善保管 3. 需要时移交给公安机关处理

七、自动扶梯的检修

自动扶梯设备的维护管理部门为地铁车站运营公司的机电设备中心，在日常的设备管理中，应采取不同的检修周期以确保设备的正常运行。一般的检修周期主要有半月检、月检、季检、半年检、年检，不同的检修周期针对不同的设备部件进行检查。除定期检修外，日常的检查对于确保设备正常运转也十分重要。

日常检查的主要项目如表 2.3 所示：

表 2.3　自动扶梯日常检查的主要项目

日常检修项目	检修工作内容及要求
急停按钮	按下按钮，扶梯停止
梯级	检查是否卡有异物，螺丝是否松动，梳齿及梯级面板是否有断裂或损伤
乘客舒适感	搭乘时应感觉扶梯顺畅平稳及宁静
扶手带	检查扶手带是否有异常膨胀或者老化、是否附有口香糖、有无污垢

需要注意的是，在日常检查开始之前要确保自动扶梯停止运转。

任务三　电梯的操作及应急处理

垂直电梯是一种以电动机为动力的垂直升降机，装有轿厢，用于多层建筑乘人或载运货物。车站垂直电梯设置在车站出入口、站台层及站厅层，以方便残疾人、老年人及携带大件行李的乘客。如图 2.6 和图 2.7 所示。

图 2.6　站台至站厅之间的电梯　　　　图 2.7　站厅至出入口之间的电梯

一、电梯应满足的要求

（1）电梯的设置应方便残障乘客的使用，自地面至站厅层和自站厅至站台均要设置电梯；

（2）所有车站的站内电梯均应设置于车站的同一位置，以方便残障乘客出行；

（3）电梯的操作装置应易于识别、便于操作；

（4）当电梯发生紧急情况时，电梯应能自动运行到设定层（疏散层），并打开电梯门；

（5）电梯轿厢内应设有专用通信设备，并应保证内部乘客与外界（车站控制室）的通信联络；

（6）非透明电梯轿厢内应设视频监视装置。

二、电梯设计数量

地铁车站全部按无障碍通行设计，设置垂直电梯需每座车站从地面至站厅之间设 1 部，站厅至站台之间，岛式站台设 1 部，侧式站台则每侧站台各设 1 部。

三、电梯的构造

整台电梯按不同的功能可分为八个系统，如图 2.8 所示。

1. 曳引系统

功能：输出与传递动力，驱动电梯运行。

组成：曳引机、曳引钢丝绳、导向轮、返绳轮、制动器。

2. 导向系统

功能：限制轿厢和对重活动自由度，使轿厢和对重只能沿着导轨运动。

组成：对重导轨、导靴、导轨架。

3. 轿厢

功能：用以运送乘客和货物的组件。

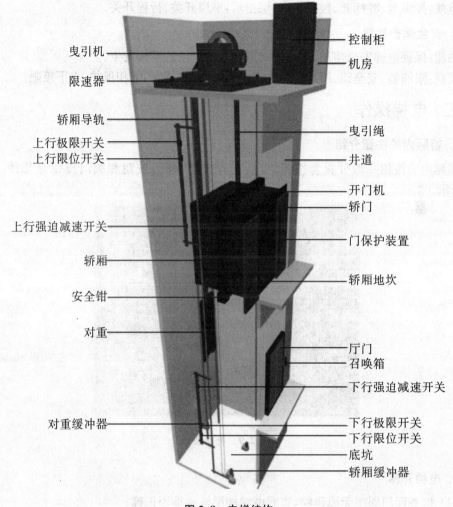

图 2.8 电梯结构

组成：轿厢架、轿厢。

4. 门系统

功能：乘客或货物的进出口，运行时门必须封闭，到站时才能打开。

组成：轿厢门、层门、门锁、开门机、关门防夹装置。

5. 重量平衡系统

功能：平衡轿厢重量以及补偿高层电梯中曳引绳重量的影响。

组成：对重、补偿链（绳）。

6. 电力拖动系统

功能：提供动力，对电梯实行速度控制。

组成：供电系统、电机调速装置。

7. 电气控制系统

功能：对电梯的运行实行操纵和控制。

组成：操纵盘、呼梯盒、控制柜、楼层指示、平层开关、行程开关。

8. 安全保护装置

功能：保证电梯安全使用，防止一切危及人身安全的事故发生。

组成：限速器、安全钳、缓冲器端站保护、超速保护、断相错相保护、上下极限。

三、电梯操作

1. 轿厢内的按钮介绍

轿厢内的按钮一般分报警按钮、楼层选择按钮、开门按钮和关门按钮等几种。如图2.9所示。

图2.9　电梯按钮

2. 电梯开梯

（1）检查厅门周围无障碍物，查看电梯楼层显示是否正确；

（2）在电梯基站用电梯的专用钥匙将电梯锁拧至开启位置以启动电梯。

3. 电梯关梯

（1）确认轿厢内没有人；

（2）在电梯基站用电梯的专用钥匙将电梯锁拧至停止位置以停止电梯。

4. 注意事项

（1）电梯关梯前确认轿厢内没有人；

（2）站内电梯的基站在站厅层，出入口电梯的基站在地面层；

（3）电梯在关梯后，将不再响应其余呼梯信号，直接进入基站，打开门后电梯将关门，停止运行。

四、电梯的运营管理

（1）正常条件下电梯采用就地控制方式。同时，电梯的运行状况由车站设备监控系统进行监视并将运行状态信息传输到控制中心,但车站设备监控系统不控制电梯的运行。

（2）在紧急或发生灾害情况下,车控室值班人员可通过防灾报警控制台上的电梯消防迫降功能按钮,使站内垂直电梯即刻运行到基站(站厅层/出入口地面)后停止运行,同时不再响应轿箱指令和层站召唤。

五、电梯故障应急处理

当发生电梯客伤事故时,应急处理程序如表2.4所示:

表2.4 发生电梯客伤事故时的应急处理程序

现场(或首先赶到的)员工	1. 报告车控室 2. 安抚乘客保持镇定 3. 和其他员工一起抬乘客上去/下来
车站行车值班员	1. 通知值班站长到现场处理 2. 报告维调
值班站长	1. 现场指挥处理,在确保当事人安全的情况下人力抬乘客上去/下来 2. 向当事人表示歉意
车站客运值班员	1. 协助值班站长处理事故 2. 维持好现场秩序

六、电梯的检修

电梯设备的维护管理部门为地铁车站运营公司的机电设备中心。为了使车站电梯能正常运行、减少故障、避免发生事故以及延长电梯的使用寿命,电梯的日常检查保养工作是十分必要的,日常检查保养是确保电梯安全运行的重要条件。电梯的日常检查保养如表2.5所示。

表2.5 电梯的日常检查保养项目

日常检查保养项目	检修工作内容及要求
电梯轿厢外部	1. 轿厢厅门和轿门是否存在严重变形、磨损、生锈、腐蚀现象,开关门有无异响 2. 轿厢前地坎及上坎是否清洁、无积尘 3. 通道是否通畅、无障碍物,是否有适当、有效的照明设施 4. 按钮是否无明显的老化、损伤,标示是否清晰,功能是否正常 5. 显示器表面是否无破损,显示状态是否正确无误
电梯轿厢内部	1. 轿厢是否整洁、无杂物 2. 轿厢内壁是否存在严重的变形、磨损、生锈、腐蚀现象 3. 按钮、开关是否无明显的老化、损伤,标示是否清晰,功能是否正常 4. 显示器表面是否无破损,显示状态正确无误 5. 轿厢内照明和通风装置工作是否正常 6. 是否有政府机关的年度检查维护卡,维护卡是否到期 7. 检查电梯内的报警电话是否可以使用 8. 轿厢运行是否平稳、有无异响
电梯控制柜内	有无元器件烧焦(嗅味道)、打火花(观察)、过热(触摸)、异响(听)

模 拟 实 训

1. 自动扶梯模拟实训

【实训任务】

自动扶梯的操作及应急处理。

【实训目的】

掌握自动扶梯的正常操作,能够正确处理应急情况。

【实训要求】

熟悉自动扶梯的构造,掌握自动扶梯的开启和关闭等正常操作及紧急情况下的停梯操作。

【实训环境】

具有自动扶梯模型的理实一体化教室或仿真实训室,或真实的地铁车站。

2. 电梯模拟实训

【实训任务】

电梯的操作及应急处理。

【实训目的】

掌握电梯的正常操作,能够正确处理应急情况。

【实训要求】

熟悉电梯的构造,掌握电梯的开启和关闭等正常操作及紧急情况下的停梯操作。

【实训环境】

具有电梯模型的理实一体化教室或仿真实训室,或真实的地铁车站。

复 习 思 考 题

1. 简述自动扶梯的构造。
2. 简述自动扶梯的操作方法。
3. 简述自动扶梯发生客伤事故时的应急处理程序。
4. 自动扶梯是如何运行和管理的?
5. 简述电梯的构造。
6. 简述电梯的操作方法。
7. 简述电梯发生客伤事故时的应急处理程序。
8. 电梯是如何运行和管理的?

案 例 分 析

2011年7月5日早上9:36,北京地铁4号线动物园站A口上行电扶梯发生设备故障,正在搭乘电梯的部分乘客出现摔倒情况。京港地铁公司立即启动相关应急预案,受伤乘客均已送往医院救治,截至该词条(百度百科词条)发表时,已有1人死亡,2人重伤,26人轻伤。伤者方面,经过紧急的治疗和妥善的处理,截至发稿时事故中的24名乘客伤者已经出院,6名伤者正在医院中进行治疗,好消息是这6名伤者没有生命危险,已安排专人照顾。北京市政府有关部门已组成事故调查组,正在对事故原因进行调查,并要求地铁运营企业立即对设施设备进行安全隐患排查,确保地铁运营安全。

（资料来源：百度百科　http://baike.baidu.com/link？url＝sdnFMUiYUSftRuNId1q5dHZkRS6puT8KVU44jnwzj－V3na1yaz－ZJzyN53mGF2LuWSeOU6fFB1erYSHs－bZDZq）

【问题】
1. 阅读案例，结合实际讨论电梯及自动扶梯在城市轨道交通运营中的重要作用。
2. 结合案例和本章内容，谈谈自动扶梯的构造和优缺点。
3. 从车站运营管理的角度考虑，应如何避免类似事故的发生？

项目三　低压配电与照明系统

学 习 目 标

1．知识目标

（1）了解地铁供电系统的组成；

（2）了解低压配电系统与照明系统的范围；

（3）掌握低压配电系统及照明系统的负荷分类；

（4）掌握低压配电系统及照明系统的控制方式；

（5）掌握应急照明的工作原理。

2．能力目标

能利用环境与设备监控系统或综合监控系统的操作界面进行照明系统工作模式的控制。

学 习 任 务

（1）城市轨道交通供电系统的认知；

（2）低压配电系统的认知；

（3）照明系统的认知。

教 学 建 议

可在具有低压配电与照明仿真系统的实训室开展"教、学、做"一体化教学；或者先进行理论教学，再到地铁车站由工作人员结合现场设备进行教学。

任务一　城市轨道交通供电系统的认知

城市轨道交通供电系统是城市轨道交通系统的重要组成部分，是地铁所有用电用户的电能源泉，是电客车和机电系统运行的动力保证。一旦供电系统发生故障，将使整条线路失去运营能力，造成重大经济损失。地铁供电系统电源来源于城市电网，通过城市电网一次电力系统和轨道交通供电系统实现输送或变换，最后以适当的电流形成（直流或交流电）和电压等级供给列车和车站内的相关动力照明负荷。

根据用电性质不同，城市轨道交通供电系统分为两部分：由牵引变电所为主组成的牵引供电系统和以降压变电所为主组成的低压配电与照明系统。本单元主要研究的是低压配电与照明系统。

城市轨道交通供电系统的主要用电对象是电动车组，即牵引用电，其电压等级一般为DC750 V或1 500 V。

低压配电与照明系统是为车站内的动力照明负荷供电的，其电压等级一般在380 V以下，其供电结构组成如图3.1所示。其中 F_1、F_2 为城市电网发电厂；$L_1 \sim L_9$ 为传输线；$B_1 \sim B_3$ 为城市电网区域变电所；B_4、B_5 为地铁牵引变电所；B_6 为地铁降压变电所。

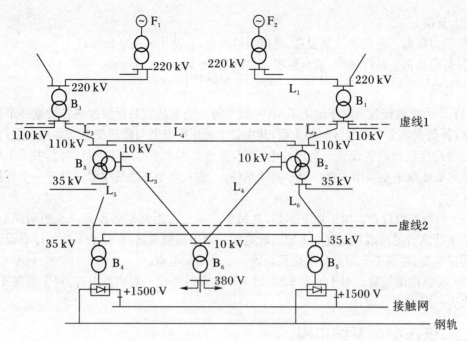

图 3.1 地铁供电结构图

任务二　低压配电系统的认知

地铁车站低压配电系统采用 380 V 三相五线制、220 V 单相三线制方式供电。它为站台、站厅和设备及管理用房的环控、给排水、消防、电梯、自动扶梯、自动售检票及通信、信号、站控室等系统设备供配电和区间内动力设备、环控设备供配电。

一、低压配电系统的构成和分布

1. 构成

低压配电系统的组成如图 3.2 所示。

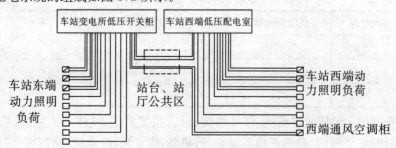

图 3.2　车站低压配电系统组成示意图

(1) 电源。低压配电室开关柜引出的 380 V、220 V 电源。

(2) 电缆电线。电缆应用于由低压柜馈出至配电箱、双电源箱、控制柜回路,配电箱馈出至设备的连接;电线应用于照明设备的连接、配电箱的出线。

(3) 负荷：
① 动力负荷。自动售检票设备、通信信号设备、自动扶梯及电梯等；
② 照明负荷。站厅照明、站台照明、事故照明等。

2. 分布

(1) 动力配电设置。对于地下车站，一般在每一个车站的站台层两端各设置一个低压配电室，各负责半个车站及区间的负荷，其中一个低压配电室与降压变电室共用一室；在每个车站的站厅层两端各设置一个环控电控室，各负责半个车站的环控负荷，其中一个环控电控室与低压配电室共用一室。对于高架车站，一般在每个车站站厅层只设置一个环控电控室。

(2) 照明配电设置。对于地下车站，在每个车站站厅层两端各设置一个照明配电室；在每个车站站台层两端各设置一个照明配电室。对于高架车站，在每个车站站厅只设置一个照明配电室；在每个车站站台层也只设置一个照明配电室。

(3) 应急电源设置。对于地下车站，每个车站两端各设一套应急电源；对于高架车站，则只设置一套应急电源。

二、低压配电系统范围

(1) 从降压变压器二次侧 0.4 kV 低压进线柜进线开关上端到设备配电箱、灯具为止之间的配电设备。

(2) 线路：城市高压电网→主变电站 35 kV→降压所 0.4 kV→(低压开关柜→380/220 V→动力/照明配电箱→用电负荷控制箱)。

三、低压配电负荷分类

1. 根据用电设备的重要性分类

车站用电负荷分为三级：一级负荷、二级负荷和三级负荷。某地铁车站负荷基本位于车站两端的设备区范围内，其中大部分负荷位于车站东段的设备区内，小部分负荷位于车站西段的设备区内。车站各负荷情况统计如表 3.1 所示。

表 3.1　某地铁车站各负荷情况统计表

名称	总负荷(kW)	一、二级负荷(kW)	三级负荷(kW)
车站	2 304	1 715	589
东段	1 533	1 063	470
西段	771	652	78

(1) 一级负荷。包括通信系统、信号系统、火灾报警系统、气体灭火系统、机电设备监控系统、疏散扶梯、屏蔽门、自动售检票设备、消防泵、废水泵、防淹门、站控室、应急照明、公共区照明、疏散诱导标识系统、车站风机及其风阀等。

(2) 二级负荷。包括污水泵、集水泵、非疏散扶梯、电梯、轮椅牵引机、民用通信电源、设备管理房一般照明、维修电源。

(3) 三级负荷。包括冷水机组、冷冻水泵、冷却水泵、冷却塔风机、广告照明、电开水器、清扫电源等。

2. 根据用途分类

（1）动力负荷。包括通信信号、FAS、自动售检票系统、安全门、风机、自动扶梯及电梯等。

（2）照明负荷。包括应急照明、站厅和站台照明、出入口照明等。

四、低压配电系统主要设备配置

（1）电源配电箱、电源切换箱，安装于车站各动力设备附近，提供各动力用电设备所需电源。

（2）区间隧道维修电源箱，安装于车站区间隧道内，提供区间隧道设备维修时所需电源。

（3）环控电控柜，安装于车站环控电控室内，提供环控电控室直接供配电设备所需电源和用于环控设备的电控控制及环控设备的环控室操作控制。

五、低压配电设备的配电方式

低压配电系统所供配电设备由车站400 V降压所直接供配电。

1. 一级负荷供电方式

对降压所直接供配电的一级负荷设备（如通信系统、信号系统、站控室、废水泵等），系统由降压所低压柜两段母线各馈出一路电源至设备附近的双电源切换箱，经电源切换箱实现双电源末端切换后再馈出给设备，两路电源正常时一路工作，另一路备用，并可互作备用。

2. 二级负荷供电方式

对降压所直接供配电的二级负荷设备（如自动扶梯、工作人员电梯、污水泵、集水泵等），系统由降压所低压柜其中一段母线馈出一路电源至设备附近的电源配电箱后再馈出给设备。当所在母线故障时母联开关投入，由另一母线供电。当电网只有一路电源时，允许将其从电网中切除（人工切除）。

3. 三级负荷供电方式

对降压所直接供配电的三级负荷设备（如环控三类负荷、活塞式冷水机组、离心式冷水机组、空调机、空调新风机等），系统由降压所低压柜其中一段母线馈出一路电源至设备附近的电源配电箱后再馈出给设备。在火灾情况下，FAS系统直接切断三级负荷总电源。

六、低压配电系统控制位置及控制方式

（1）对通信、信号、站控室、废水泵、电梯、自动扶梯等由降压所直接供配电的各系统设备，低压配电系统提供电源至各设备附近的配电箱或双电源切换箱，工作人员可在降压所或设备附近的配电箱或双电源切换箱上对各设备作电源通断或切换操作控制。

（2）对环控设备（如空调、风机、水泵等），采用两种控制方式，即就地控制（设备附近）、站控室控制（通过EMCS系统控制）。

（3）对冷水机组及FAS系统相关设备（如风阀、防火阀、防火卷帘门、挡烟垂幕等）及EMCS系统、AFC系统等设备，低压配电系统提供电源至各设备附近的配电箱或电源切换

箱,工作人员可在环控电控室或设备附近的配电箱或双电源切换箱上对该设备作电源通断或切换操作控制。

任务三　照明系统的认知

由于城市轨道交通车站,尤其是地铁车站大部分位于地下,故其照明系统显得尤其重要。地铁车站的地下地域特征及地铁运营性质决定了地铁车站内部照明种类的多样化,而且其配电回路的数量不亚于动力用电回路。车站照明系统采用380 V 三相五线制、220 V 单相三线制方式供电。

一、照明系统范围

照明系统范围为车站400V 降压所变压器后的照明设备、设施及线路。大致包括站台、站厅公共区的工作照明、节电照明(包括站名牌标示照明)、应急照明(包括疏散诱导指示照明)、广告照明和设备及管理用房的工作照明、应急照明;出入口的疏散诱导指示照明、工作照明与应急照明;电缆廊道的工作照明及区间隧道的工作照明、应急照明。

二、照明系统分类

1. 按功能分类

设备区照明、公共区工作照明、公共区节电照明、电缆夹层照明、导向标识照明。

2. 按重要程度分类

一级负荷:事故照明、公共区工作照明、出入口照明、疏散诱导指示照明等;

二级负荷:一般照明及标识照明;

三级负荷:广告照明、装饰照明、商铺照明等。

三、照明配电设计

(1) 站厅层和站台层的照明主要由一般照明和应急照明构成,站台、站厅每个分区的照明都由两路电源提供,分为6~8个支路,交叉配电。在运营高峰过后可以停掉一部分支路,以便于节约照明用电。夜间列车停运后把一般照明关闭,车站照明依靠应急照明。

(2) 应急照明的设计。为了确保在地铁车站发生故障时能顺利、安全地疏散乘客,按照地铁设计规范,在地下车站配置有蓄电池室。图3.2为应急照明供电原理图。在正常情况下,车站的照明由两路220 V 交流电源供电,当两路电源失压后,照明系统自动切换为蓄电池,由其供电到应急照明线路。地下铁道应急照明多为白炽灯,正常情况下由交流电源供电,当交流电源停电时自动切换到蓄电池组供电。应急照明在车站的站台、站厅及出入口为长明灯。

(3) 区间照明的设计。单线隧道照明设置于行车方向左侧墙上,分工作照明和应急照明,每隔5~6 m设一盏11 W荧光灯,两种照明相间布置,工作照明和应急照明均由变电所交直流屏直接供电,区间工作照明由变电所控制。

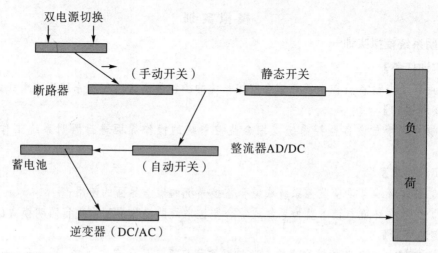

图 3.2　应急照明配电方式图

四、照明系统控制位置及控制方式

车站照明系统可分为三级控制。

1. 就地级控制

各设备及管理用房进门处设有就地开关箱或盒,可控制相应设备及管理用房的工作照明。

区间隧道照明受到设置于隧道两端入口处的区间隧道照明配电箱控制。

2. 照明配电室集中控制

照明配电室内设有相应照明场所的照明配电箱,可在室内集中控制相应场所的工作照明、节电照明、应急照明及广告照明。

正常情况下,配电箱所有开关均应全部合上,以便通过就地级控制和站控室 BAS 集中控制相应场所照明。

3. 站控室 BAS 集中控制

站控室内可通过机电设备监控系统 BAS 实现对站台、站厅公共区的工作照明、节电照明、广告照明进行控制。

在机电设备监控系统 BAS 上可监控站台、站厅公共区一般照明、节电照明、广告照明的工作状态(手动/停/自动)。

此外,根据需要应急照明也可在 BAS 监控中进行控制。

五、应急处理

(1) 当发生火灾时,车站照明三级负荷应被关断,其他照明车站值班人员可根据需要在车控室照明配电盘和照明配电室配电箱上进行控制。

(2) 因灯具过热或整流器过热或电路短路引燃周围物体时,车站值班人员应迅速至照明配电室关断相关照明回路,确认断电后再使用干粉灭火器、二氧化碳灭火器进行灭火。

模 拟 实 训

照明系统模拟实训

【实训任务】

利用环境与设备监控系统或综合监控系统的操作界面进行照明系统工作模式的控制。

【实训目的】

能够在环境与设备监控系统或综合监控系统的操作界面进行照明系统工作模式的控制。

【实训要求】

(1) 了解环境与设备监控系统或综合监控系统的操作界面的使用；

(2) 能够在环境与设备监控系统或综合监控系统的操作界面上进行照明模式的控制。

【实训环境】

具有环境与设备监控系统或综合监控系统仿真系统的仿真实训室，或地铁车站。

复 习 思 考 题

1. 简述低压配电系统的组成。
2. 简述低压配电系统负荷的分类以及不同负荷的供电方式。
3. 简述照明系统的负荷分类。
4. 简述低压配电系统及照明系统的范围。
5. 简述低压配电系统及照明系统的控制方式。

案 例 分 析

北京地铁5号线动力照明系统采用集中-放射混合式配电形式，减少变电所低压馈出回路。设计BAS系统，实现三级管理：就地控制、车站控制室控制及控制中心控制。控制中心设置在小营基地。低压配电系统满足一级负荷、二级负荷及三级负荷的供电要求。重要负荷如消防、行车等，采用两个低压电源，末端自动切换。电缆采用低烟无卤、阻燃或耐火型。设置应急照明系统与集中式EPS电源，同时由邻站提供第三个交流备用电源。灯具包括电光型和蓄光型。

北京地铁5号线低压及动力照明配电系统设计，吸取了国内地铁设计的经验，配电系统安全可靠、技术先进、经济合理。设备选型上立足国产化，选用目前国内较先进的设备，例如选用的塑壳断路器和微断断路器均具有速动性能的限流开关，在上下级断路器的配合中选用限流断路器的级联和能量全选择功能，从而提高了部分断路器的分断能力，使得各级保护之间有选择性配合，提高了配电系统的可靠性，达到目前国内较先进水平。

(资料来源：地铁族 http://www.ditiezu.com/thread-5551-1-1.html)

【问题】

1. 结合案例，讨论低压配电及照明系统的控制方式有哪些？
2. 结合案例，讨论低压配电系统负荷的配电方式有哪些？
3. 结合案例，讨论应急照明的供电原理。

模块二　行车设备

项目四　安　全　门

学 习 目 标

1. 知识目标
(1) 了解安全门的分类及设置原则；
(2) 了解安全门的优点；
(3) 掌握安全门的机械结构和电气结构；
(4) 掌握安全门的控制方式；
(5) 掌握安全门的操作方法；
(6) 掌握安全门的应急处理程序。
2. 能力目标
(1) 能够操作安全门；
(2) 能够紧急处理安全门故障。

学 习 任 务

(1) 安全门的认知；
(2) 安全门的操作；
(3) 安全门的应急处理。

教 学 建 议

可在具有安全门设备模型或仿真系统的实训室开展"教、学、做"一体化教学；或者先进行理论教学，再到地铁车站站台由站台安全员、值班站长结合现场设备进行教学。

任务一　安全门的认知

城市轨道交通站台安全门是安装于车站站台边缘，将轨行区与站台区隔离开来，设有与列车门相对应的可多级控制开启与关闭的滑动门的连续屏障，在列车到达和出发时可自动开启和关闭，是一个涉及土建、车辆、信号、轨道、暖通等诸多其他专业的机电设备系统。如图4.1所示。

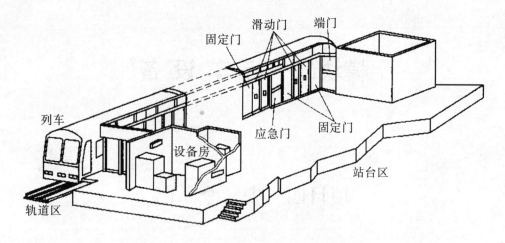

图 4.1　站台安全门设备示意图

图 4.2 和图 4.3 分别为深圳地铁屏蔽门和广州地铁屏蔽门。

图 4.2　深圳地铁屏蔽门　　　　　　　图 4.3　广州地铁屏蔽门

一、安全门的优点

1. 安全性

地铁列车在隧道内运行时产生强烈的活塞效应，这样当列车进入站台时将会给站台候车的乘客带来被活塞风吹吸的危险。装设站台门后，由于站台与隧道空间有站台门隔离开来，只有当列车停靠站台，并且列车门与站台门完全对正时，站台门才同时打开，以便乘客上下车，避免了候车人员及物品跌落站台轨道的危险。

一般在站台安全门上多装有各类障碍物传感器。一旦有障碍物存在，传感器发出的信息将使屏蔽门进入防夹功能程序，避免了车门夹人及夹物事故的发生。

2. 节能

设置站台安全门系统后，车站空间与列车运行空间完全隔开，避免了大量空调冷气进入隧道，也减少了列车刹车时所散发出的热量进入候车区，并减少站台出入口由于列车活塞作用吸入大量新风所形成的冷负荷。

3. 降低运营成本

安装站台安全门后，可以减少甚至不需要站台接车人员，这将减少地铁的日常运营管理费用。屏蔽门将隧道和站台隔开,同时减少了空调和通风成本。

4. 环保

列车行驶时会有噪声产生。安装站台安全门系统之后,站台门在站台和轨道之间形成一个物理屏障,可以大大降低地铁候车站台中的噪声,给乘客提供一个更加舒适、安静的候车环境。

5. 创收

站台安全门可用作平面广告媒介,增加运营部门的广告收益。

6. 城市形象

采用站台安全门后,乘客能够舒适、安全地候车,直接感受到政府对市民的关心,将增强市民对政府工作的信任与支持。

二、站台安全门主要设置原则

(1) 屏蔽门系统的设置应满足地铁车辆、信号条件和运营要求以及列车停车精度的要求。

(2) 列车车体不接地时,站台安全门站台构建必须进行绝缘设计。

(3) 屏蔽门原则上设置在车站有效站台长度范围内。屏蔽门轨侧外沿在任何情况下不得侵入车辆接近限界,以保证列车的行车安全。屏蔽门滑动门打开后不超出屏蔽门的纵向限界(总长度)。

(4) 屏蔽门原则上设在车站有效站台长度范围内,以有效站台中心线为中心向站台两端对称布置。部分车站卫生间或残疾人电梯设置在有效站台以外,屏蔽门延长到将卫生间和残疾人电梯包括在围合范围以内。

(5) 应当设置自动或手动开启或关闭滑动门装置。

(6) 在任何条件下必须保证能在站台侧或轨道侧手动打开或关闭每一扇滑动门。

(7) PSL 的设置方便列车司机操作但不影响列车司机对屏蔽门的瞭望。

(8) 全高式安全门及屏蔽门的顶箱面板兼作车站导向标识牌。

(9) 最大运行强度每天至少每两分钟开闭 1 次,每天连续运行 20 小时,每年连续运行 365 天,没有间隔和断续。

(10) 滑动门开、关门运动应平稳,不产生失控或抖动现象。开启后、关闭前的过程中应有缓冲停顿动作。

三、安全门的分类

1. 从封闭形式上分类

从安全门系统应用场合的密封程度,可以分为全高式安全门、半高式安全门及屏蔽门。全高式站台安全门门体结构高度为 2 450 mm 左右,门体顶部与站厅底面之间有距离,安装于地下车站,如图 4.4 所示;半高站台门门体结构高度为 1 500 mm 左右,主要安装在地面车站及高架车站,如图 4.5 所示;屏蔽门是完全封闭的,门体顶部与站厅底面之间无空间,如图 4.6 所示。

图 4.4　全高式安全门

图 4.5　半高式安全门

图 4.6　屏蔽门

2. 从结构上分类

按照屏蔽门的具体结构,可以分为上部悬吊式和下部支撑型。

3. 从供电方式上分类

屏蔽门系统的供电电源方案主要有集中供电和分散供电两种。

4. 从执行机构上分类

按目前屏蔽门系统采用的执行机构,主要有气动和电动执行机构两类。

5. 从机械传动方式上分类

从机械传动执行角度出发,分为滚珠螺杆式与同步齿形带式传动。滚珠螺杆式精度高,安装简单,故障率低,维修工作量小,但部件一旦磨耗超过限值需整体更换。同步齿形带式传动容易调节,免维护,但其尺带寿命影响系统工作寿命,精度较滚珠螺杆式要低。

四、屏蔽门系统的机械结构

屏蔽门系统的机械部分包括门体结构和门机传动系统,屏蔽门结构如图 4.7 所示。

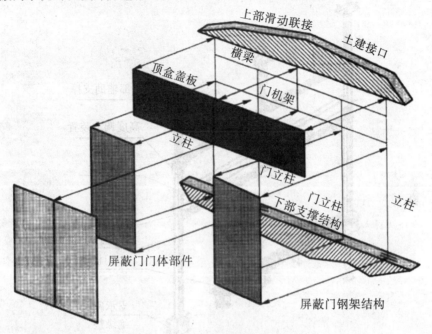

图 4.7　屏蔽门结构

1. 门体结构

门体结构由承重结构、滑动门、固定门、应急门、端门、门槛、顶箱等组成。如图 4.8 所示。

门机传动系统主要由门控单元(DCU)、驱动装置、锁紧装置及传动装置等组成,安装在门体结构的顶箱内铝型材导轨上,并通过门控单元的接口与中央接口盘(PSC)连接,它是站台安全门系统的重要组成部分。

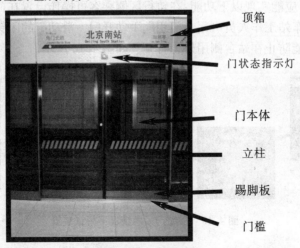

图 4.8　门体结构

(1) 承重结构。承重结构作为整个站台门的支撑骨架,以承受站台门的垂直荷载(自重荷载)、水平负载(人群负载、风压负载、冲击荷载)和地震荷载等外界负荷。如图 4.9 所示。

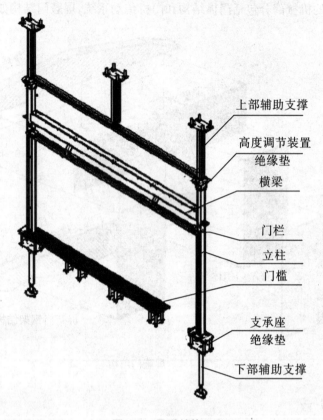

图 4.9 承重结构

(2) 滑动门(ASD)。滑动门与列车一侧客室门一一对应,关闭时将站台公共区与隧道区间隔开,打开时为乘客提供上、下列车的通道,以及列车在隧道区域发生火灾或故障时为乘客提供疏散通道。

在紧急情况下应能实现以下功能:在轨行区侧乘客可操作设置在门扇上的把手手动开门,在车站站台侧车站工作人员可用专门钥匙手动开门。滑动门的闭锁机构在关闭状态下都能够进行自锁,能防止在站台侧用外力打开。如图 4.10 所示。

图 4.10 滑动门紧急情况下解锁装置

(3) 固定门(FIX)。固定门设置在滑动门与滑动门、滑动门与端门之间,高度与滑动门一致。固定门由铝合金门框、钢化玻璃组成，固定门是不可活动的。其主要作用是承重结构的一部分，实现门扇与框架的连接以形成幕墙功能，在站台公共区域与轨道区域之间起隔离作用。

（4）应急门（EED）。应急门由钢（铝合金）门框、玻璃、应急推杆锁组成，安装在便于乘客疏散的区域，是隔离公共区和隧道的屏障，每节车厢对应设置一扇应急门。在站台门系统正常运营状态下，应急门处于关闭和锁紧状态。

应急门是当列车进站的停车误差超过了设计时所考虑的精度误差，而列车却不能再做位置调整而设置的疏散通道，其中包括了列车未能完全进站或完全出站而发生异常情况。在轨道侧推压应急推杆或在站台侧用专用钥匙解锁，然后推动应急门门扇就可将应急门打开。如图4.11所示。

应急门的闭锁机构在关闭状态下都能够进行自锁，能防止在站台侧用外力打开。应急门设有位置信号装置，可以将门锁闭和解锁信号反馈到PSC。

图4.11 应急门解锁装置

（5）端门（MSD）。端门由钢（铝合金）门框、玻璃、应急推杆锁组成，其结构与应急门基本一致。如图4.12所示。安装在与纵向站台边站台门的垂直方向，位于整个站台门系统的两侧，是隔离站台公共区域与列车隧道之间的设施，每个端头门包括一个端头活动门和端头固定门（个别站台无端头活动门）。当列车在区间隧道发生火灾或故障等意外情况时，端头活动门是疏散人群的紧急通道，也是车站工作人员进出隧道的通道；正常运营状态下，端头活动门处于关闭并锁紧状态，且不会由于风压而导致此门自行解锁而打开，端头活动门能够承受水平荷载。端门推杆如图4.13所示。

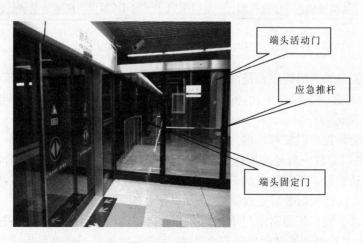

图4.12 端门

图 4.13 端门推杆

(6) 门槛。门槛有应急门门槛、滑动门门槛和端头门门槛。门槛采用不锈钢材料,门槛表面刻有多条防滑槽以防止乘客滑倒。

(7) 踢脚板。踢脚板采用的是不锈钢材料,主要是用来防止乘客有意或无意地踢脏或踢碎门体玻璃,踢脚板上边高度距地面 150 mm。

(8) 顶箱。顶箱上方设有照明灯带,顶箱盖板可以安装站台信息标志。顶箱内设置有门单元的承载驱动机构(包括电机、丝杆传动副、导轨、携门架组件等)、门锁装置、门控单元、接线端子排、门状态指示灯等部件。

顶箱盖板附于顶箱的正面位置并设有压紧锁,锁紧后能承受正/负向风压荷载,维护者在正面能用专用钥匙开启维修盖板,专用钥匙同滑动门和应急门的解锁钥匙。

2. 门机传动系统

门机传动系统包括门控单元、传动装置、驱动装置和锁紧装置等,门机系统设在站台侧,可以随时进行维修。门机传动系统如图 4.14 所示。屏蔽门的门机系统安装在滑动门上方的顶箱内;半高式安全门的门机系统安装在左右固定侧盒内。

图 4.14 门机传动系统

(1) 门控单元。门控单元是滑动门电机的控制装置,是门机系统的核心。屏蔽门每对滑动门单元配置一个门控单元,安装在顶箱内。由一个 DCU 控制一个电机,带动两扇滑动门进行开关运动。

(2) 传动装置。以皮带传递为例,屏蔽门系统的直流无刷电机的转轴与减速箱直接连接,电机在关门阶段一般经过加速、速度保持、减速、低速保持、制动五个阶段。

(3) 驱动装置。每侧站台的 DCU 采用总线与就地控制器 PSL 连接,构成分布式控制网络。在 DCU 得到指令后完成驱动。

(4) 锁紧装置。每道滑动门单元均有一套电磁式门锁紧装置(即电磁闸锁),闸锁上装有四个开关,其中两个是锁闭监测安全开关,用于证实锁是否已经可靠闭合锁紧,另外两个是应急安全开关,用于证实滑动门是否因滑动门的手动解锁装置动作而打开过。

五、屏蔽门系统的电气部分

屏蔽门系统的电气部分包括电源系统和控制系统。

1. 电源系统

屏蔽门系统为一级负荷供电(当线路发生故障停电时,仍保证其连续供电,即双回路供电),两路交流输入经低压配电箱切换后给屏蔽门系统供电。电源设备以及电源自动切换箱设置在屏蔽门设备室内。

屏蔽门供电电源采用驱动电源和控制电源分开设置。控制电源和驱动电源相互独立,配独立的蓄电池组。驱动电源为滑动门的驱动提供电源,控制电源为屏蔽门的监控系统提供电源。

2. 控制系统

屏蔽门控制系统主要由中央接口盘(PSC)(含逻辑控制单元及状态监视单元)、就地控制盘(PSL)、门控单元(DCU)、就地控制盒(LCB)、远程监视设备(PSA)、通信介质及通信接口等设备组成。如图 4.15 所示。

每个车站屏蔽门控制系统均包括两个独立控制子系统,分别监控两侧站台屏蔽门,确保任一侧屏蔽门故障不应影响另一侧屏蔽门的正常运行,某一道门故障不影响同侧其他屏蔽门的正常运行。

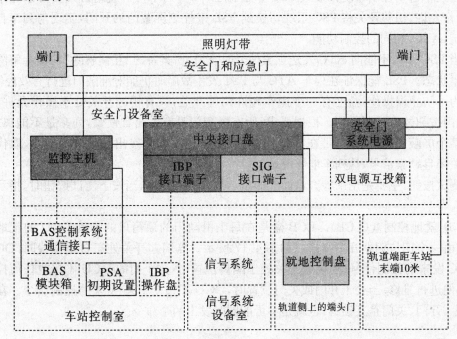

图 4.15　站台安全门控制系统

(1)中央接口盘(PSC)。中央接口盘是屏蔽门控制系统的主要接口设备,是屏蔽门控制系统的核心,为车站信号室内的信号系统设备、车站控制室内的机电设备监控系统(BAS)、屏蔽门设备室内的电源系统、站台端头就地控制盘(PSL)、操作指示盘、IBP 盘及所有的门机控制器(DCU)提供接口连接。

(2) 就地控制盘(PSL)。站台端头就地控制盘(PSL)设有一个较高防护等级的外壳，安装在站台轨道侧的前端，与列车正常停车时司机室相对。PSL通过硬接线与中央控制接口盘(PSC)相连。如图4.16所示。

图4.16 就地控制盘

当列车自动控制系统失效或PSC非正常工作时，列车司机或站台人员可以通过PSL的"操作允许"钥匙开关将PSC系统切换到PSL来控制屏蔽门的开闭，实现与列车自动控制系统(ATC)相同的控制功能。

当PSC系统不能向ATC发送锁紧信号时，PSL所具备的"互锁解除"功能会解除列车的锁紧状态。PSL能保证在列车ATC与PSC发生故障时仍能对屏蔽门进行有效控制。

为了防止误操作，盘上有一个操作允许钥匙开关，只有钥匙开关处于操作允许时，开门、关门按钮才有控制作用。根据要求，所有屏蔽门没有关闭且锁紧，列车是不能离站的。如果某个屏蔽门出现故障，可在PSL上通过钥匙开关，人为发出互锁解除信号，取代屏蔽门的关闭且锁紧信号，让列车能够离站。

测试按钮，主要是用来检查盘面上的指示灯是否有故障，当按下测试按钮时，指示灯会点亮。

(3) 就地控制盒(LCB)。LCB盒是在每个滑动门的顶箱里的靠近DCU的就地控制盒，它由一个四位钥匙开关组成。如图4.17所示。当钥匙开关处于自动位置时，DCU接收PSC发来的控制信号；当钥匙开关处于隔离位置时，这个门的DCU不接收任何控制命令，以便进行维修；当处于开门或关门位置时，DCU不接受PSC发来的控制命令。在逻辑关系上，开门、关门是互锁的，也就是不可能同时发出两个命令。

图 4.17 就地控制盒

（4）IBP 盘。当车站、区间发生火灾等紧急情况，需要车站疏散时，可通过设置在车控室 IBP 盘上的紧急控制按钮，开启安全门。如图 4.18 所示。

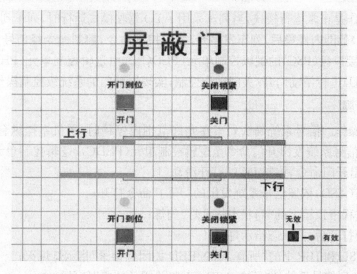

图 4.18 IBP 盘

（5）操作指示盘（PSA）。PSA 置于车控室内，操作指示盘上设有液晶显示屏，通过串行通信网络与 PSC 连接。当 PSC 监视、采集到系统运行状态、故障等信息后，将监视信息通过串行网络传递给操作指示盘，在显示屏上显示有关屏蔽门的报警、运行状态、运行故障等信号。经 PSC 处理后的关键信号通过硬线传送到 PSA 的指示灯上。PSA 还可完成在人机界面上对门参数进行修改及故障记录等功能。在 PSA 上还有一套紧急控制装置，紧急控制装置通过硬线与 PSC 之间进行信号传递，在网络系统失效时或紧急状况下，可通过操作面板的紧急开关和相关按钮来进行屏蔽门的打开与关闭操作。

（6）声光报警装置。在每挡屏蔽门单元都设置一个声报警装置，并在每挡屏蔽门单元的顶盒中央，设置一个光报警装置（指示灯），用于在屏蔽门动作前对乘客发出警告，并在屏蔽门发生故障时提醒车站工作人员采取相应的措施。

任务二　安全门的操作

以屏蔽门为例,站台屏蔽门具有四级五种控制。

四级控制如下:

系统级控制、站台级控制、车站级控制(火灾控制模式)、就地级控制。其中以就地级控制优先级最高,系统级控制优先级最低。

五种控制方式如下:

信号系统通过 PSC 控制安全门、就地控制盘(PSL)控制、IBP 盘紧急级控制、就地控制盒(LCB)单挡门就地级控制、手动级控制。

一、信号系统通过 PSC 控制安全门

1. 适用范围

系统级操作是正常运行模式,当列车采用 ATO 驾驶模式运行时,列车到站并在允许的误差(±0.5 m)范围内停稳后,列车发出开/关门控制命令,控制命令经信号系统发送至屏蔽门系统中央接口盘(PSC)的逻辑控制单元(PEDC)。由逻辑控制单元(PEDC)发信号给门控单元(DCU)进行滑动门开/关门动作控制,实现屏蔽门的系统级控制操作。

2. 操作步骤

(1) 开门操作。信号系统确认列车在允许范围内停稳时,司机室操纵台上"开门允许指示灯"点亮,信号系统发出开门命令至逻辑控制单元(PEDC),逻辑控制单元通过 PSC 向每个 DCU 发出开门命令,控制 DCU 打开滑动门。

① 滑动门(ASD)依照信号系统发出的"开门"命令打开;

② 开门过程中顶箱上的"门状态指示灯"闪烁;

③ 门完全打开后,门状态指示灯亮;

④ PSC、PSL 和 IBP 上的"所有 ASD/EED 关闭且锁紧"指示灯熄灭;

⑤ 从 PSC 到信号系统的"所有 ASD/EED 关闭且锁紧"信号撤销;

⑥ PSC、PSL、IBP 上的"开门"指示灯亮;

⑦ PSC 向信号系统反馈门已开的信息。

(2) 关门操作。在信号系统正常且列车停靠在站台的停靠范围内,列车即将离站时,司机按下关门按钮发出关门命令,来自信号系统的"开门"命令撤销,屏蔽门将执行关门程序。

① 信号系统通过 PSC 逻辑控制单元(PEDC)向每个 DCU 发出关门命令控制 DCU 关闭滑动门;

② 滑动门关闭过程中门状态指示灯闪烁;

③ 滑动门关闭且锁紧后顶箱上指示灯熄灭;

④ PSC 上的"ASD/EED 开门"指示灯熄灭;

⑤ PSC、PSL 和 IBP 上的"所有 ASD/EED 关闭且锁紧"指示灯亮;

⑥ PSC 的逻辑控制单元向信号系统发出所有门关闭并锁紧的信号;

⑦ 允许列车离站。

二、就地控制盘(PSL)控制

1. 适用范围

当在系统故障、逻辑控制单元(PEDC)对门控单元(DCU)控制失败、列车停车位置超出限定的停车范围、信号系统与屏蔽门系统通信故障或单道屏蔽门故障时,由列车司机或站台工作人员在发车端的就地控制盘(PSL)上对屏蔽门进行开/关门操作的控制方式。在PSL上将钥匙打到"开门"或"关门"位置时,滑动门的开关即不受信号系统控制。如图4.19所示。

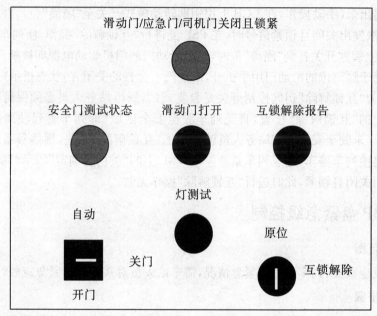

图4.19 PSL效果图

2. 操作步骤

(1) 开门操作:

① 司机或站务人员用钥匙转动PSL上左侧的控制开关至"开门"位置,通过PSL发出开门命令;

② 此时该侧滑动门全部开始打开,PSL上的"关门"指示灯熄灭,门状态指示灯闪烁;

③ 当屏蔽门完全打开后,门状态指示灯亮。

(2) 关门操作:

① 司机或站务人员用钥匙转动PSL上左侧的控制开关至"关门"位置,通过PSL发出关门命令;

② 此时该侧滑动门开始关闭,PSL上的"开门"指示灯熄灭;

③ 屏蔽门全部关闭后,门状态指示灯熄灭;

④ 需要发车时,司机或站务人员用钥匙转动PSL上的控制开关至"OFF"位置,退出操作。

3. "ASD/EED 互锁解除"操作

（1）适用范围。滑动门/应急门无法关闭，或屏蔽门全部关闭后由于"关闭且锁紧"信号无法传至信号系统或信号系统无法确认屏蔽门是否全部关闭且锁紧而不能发车时。

（2）操作步骤：

① 确认该侧滑动门全部关闭；

② 站务人员用钥匙转动 PSL 上右侧的控制开关至"互锁解除"位置，信号系统接到互锁解除信号后，重新向轨道发码允许列车发车。

③ 在某一道滑动门不能关闭的情况下，站务人员可用钥匙将故障滑动门从一侧所有门单元中隔离出来（手动操作，在 LCB 上用钥匙转动模式开关至"隔离"位），并将该滑动门关闭，如仍无法发出关闭且锁紧信号时，在 PSL 上进行"互锁解除"操作，使列车安全离站。

④ LCB 上钥匙开关打到"隔离"位时，该挡滑动门的门机驱动电源即被断开，若乘客从轨道侧将已处于隔离位的滑动门用手扒开，滑动门不会自动关闭，门状态指示灯点亮报警。

注意：因为"互锁解除"钥匙控制开关是自复式的，所以站务人员必须保持操作钥匙在 PSL 操作盘上的"互锁解除"位置，直至列车驶至安全区域（即列车整列驶离站台轨道区段）。若在列车未驶至安全区域站务人员就松开了"互锁解除"开关，则信号系统立即向轨道发送停车码使列车停车，造成列车紧急停车；PSL 上的"关门且锁定"指示灯亮灯，表明该侧所有滑动门关闭且锁紧，此时进行"互锁解除"操作无效。

三、IBP 盘紧急级控制

1. 适用范围

当区间发生火灾、列车迫停等紧急情况，需车站人员对乘客进行紧急疏散时使用。

2. 操作步骤

在车站车控室 IBP 盘（屏蔽门专业区域）上转动某一侧屏蔽门的钥匙开关，发出开门命令给屏蔽门系统，使该侧所有滑动门全部打开。

四、LCB 单挡门就地级控制

1. 适用范围

当个别屏蔽门发生故障或控制系统电源不能供电时，由站台人员对屏蔽门进行的操作。

站台人员或维修人员利用就地控制盒（LCB）控制。每一道门均有 LCB 钥匙开关，当该门有故障时，可以通过 LCB 打到"手动"位，从系统中脱离出来，以供维修人员在对单挡门进行维修、调试时使用。这种控制具有优先权，与其他控制方式相互独立，且这种控制不受列车正确到位信号的限制。

2. 操作步骤

（1）开门操作：

① 相关人员于站台侧用机械钥匙打开固定侧盒顶盖；

② 在 LCB 上将钥匙开/关打到"手动"位，同时门状态指示灯点亮；

③ 根据需要按下红色的"开门"按钮；

④ 该挡滑动门自动打开。

(2) 关门操作：

① 相关人员于站台侧用机械钥匙打开固定侧盒顶盖；

② 在 LCB 上将钥匙开/关打到"手动"位，同时门状态指示灯点亮；

③ 根据需要按下绿色的"关门"按钮；

④ 该挡滑动门自动关闭。

3. LCB 模式开关在"隔离"位或"手动"位时滑动门的相关动作情况

(1) 滑动门在自动模式下关门过程中，操作 LCB 从"自动"打到"手动"或"隔离"时，屏蔽门立即停止动作。

(2) 滑动门 LCB 处于"隔离"位时，该挡滑动门的门机驱动电源被断开，滑动门会保持在当前状态下。相关人员应加强监护或手动将该门关闭，防止乘客跌入轨道。

(3) LCB 打到"手动"时，此挡滑动门在安全回路中被旁路，列车可正常运行；半高式安全门 LCB 打到"隔离"时，该滑动门只有处于关闭状态下，安全回路才接通，否则列车无法发出；全高式安全门 LCB 打到"隔离"时，该滑动门无论是否处于关闭状态下，屏蔽门的安全回路均接通，列车可以发出。

(4) 屏蔽门在打开状态下，操作 LCB 从"手动"或"隔离"打到"自动"时，屏蔽门收到信号系统的关门命令后，进入自动学习功能，然后进入正常模式。

(5) 自动模式下，当滑动门在开关门过程中出现故障时，门状态指示灯闪烁，并在 MMS 上反映出手动操作的具体位置及故障信息。

五、手动级操作

1. 滑动门操作

(1) 适用范围。滑动门无法正常打开时，站务人员可在站台侧用机械钥匙打开/关闭任意一扇滑动门，另外乘客或工作人员可在轨道侧操作屏蔽门开门把手打开任意一扇活动屏蔽门（开门把手处有明显的指示标识）。

(2) 操作步骤。方法一：站务人员或乘客在轨道侧按压滑动门中缝处的解锁按钮后，向两侧用力扒开任意一扇滑动门。

方法二：站务人员在站台侧用钥匙进行操作，以机械方式打开或关闭任意一扇滑动门。如果此时滑动门的门控单元正常，则该滑动门经 10 秒钟延时后自动关闭。

2. 应急门操作

(1) 适用范围。列车进站后列车门无法对准滑动门时，保证至少有一扇应急门对准列车车门作为乘客的疏散通道。

(2) 操作步骤。方法一：乘客在轨道侧推压推杆，推杆带动门框内的解锁机构，松开应急门的上下门闩，向站台侧平推 90°推开应急门。

方法二：站台人员在站台侧用钥匙打开应急门门闩，向站台侧平拉 90°打开应急门。

注意：每道应急门的门框上装有闭锁器，推开应急门到最大位置 90°后，门体会定位，使用完毕后站务人员应确保应急门处于关闭状态，防止乘客跌入轨道。

3. 端门操作

(1) 适用范围。端门是站务人员或维修人员进出隧道、进行维修的通道，也是列车在区间发生火灾或故障时,乘客从列车下到隧道后疏散至站台的通道。

(2) 操作步骤。方法一:站务人员、司机或乘客在轨道侧推压推杆,推杆带动门框内的解锁机构,松开端门的上下门闩,向站台侧平推 90°推开端门。

方法二:站务人员或司机在站台侧用钥匙打开端门门闩,向站台侧平拉 90°打开端门。

注意:

(1) 每道端门上只有一个门扇,门框上装有闭锁器,闭锁器具有足够大的力,保证端门在手动开启后能够自动复位关闭,当端门开到 90°时门体会保持定位;

(2) 所有员工使用端门通道后必须确保关闭,防止乘客跌入轨道。

任务三 安全门的应急处理

以屏蔽门为例,屏蔽门的应急处理原则如下:

(1) 发生屏蔽门故障时,要按照"先通车后恢复"的原则进行处理,在保证安全的前提下,车站人员要尽快处理,及时向司机显示"好了"信号,司机在确保安全的情况下按时刻表的要求行车,确保电客车准点运行。

(2) 当运营中屏蔽门发生异常情况时,司机、车站人员要及时进行处理,做好行车组织的同时做好乘客广播、引导等客运组织工作。

1. 单个/多对屏蔽门不能开门故障处理程序

某地铁车站单个/多对屏蔽门不能开门故障处理程序如表 4.1 所示。

表 4.1 单个/多对屏蔽门不能开门故障处理程序

故障现象	处理程序	责任人
单个或多对门不能开门	1. 接到屏蔽门故障通知后,尽快到达故障点 2. 发现两对及以下屏蔽门不能正常开启后报告车站值班员(行车):"××站台××号屏蔽门不能开启",并引导乘客从其他开启的屏蔽门下车。确认乘客上下完毕及站台安全后向司机显示"好了"手信号。待列车离开站台后,张贴"此门停用"告示,加强监控 3. 发现三对及以上屏蔽门不能开启时,报告车站值班员(行车),必要时立即前往故障的屏蔽门单元处采用开门钥匙人工操作开启屏蔽门(操作一道门所需时间约为 10 秒钟),以保证每节车厢对应的屏蔽门必须有两对及以上屏蔽门开启,并引导乘客从其他开启的屏蔽门下车(客流高峰期,用端门钥匙手动打开所有故障屏蔽门) 确认乘客上下完毕及站台安全后向司机显示发车"好了"手信号(客流高峰期,保持故障屏蔽门处于常开状态,打到手动开位;客流低峰期保证每节车厢对应的屏蔽门必须有至少 1 对处在开启状态,打到手动开位),并张贴"此门停用"告示,加强监控 4. 故障屏蔽门抢修时指派专人负责安全监控,当下趟列车在临站出发时,通知维修人员停止抢修;抢修完毕后向车站值班员(行车)报告 5. 故障屏蔽门单元恢复正常后全部打到自动位,查看三趟列车到发时屏蔽门的开关情况,撤除屏蔽门故障告示	站务人员

续表

故障现象	处理程序	责任人
单个或多对门不能开门	1. 发现两对及以下屏蔽门不能正常开启时,马上进行客室广播"本站有屏蔽门故障,请乘客从其他开启的屏蔽门下车",报告行调 2. 发现三对及以上屏蔽门不能开启时,使用客室广播通知乘客通过手动操作打开故障的屏蔽门或利用正常开启的屏蔽门下车,报告行调 3. 乘客上下完毕后关屏蔽门、车门,司机凭"好了"信号动车;动车前注意确认车门与屏蔽门之间的空隙安全	司机
	1. 报告行调:"××站××站台××对屏蔽门不能开启" 2. 立即通知站务人员前往协助处理故障屏蔽门。发现两对及以上屏蔽门不能开启时,还要通知值班站长、站厅岗等前往协助处理故障屏蔽门,协助站台站务人员做好乘客引导工作 3. 通知维调,维调通知检修人员处理 4. 维修人员到达现场后,根据车站的客流情况,安排维修人员进行抢修 5. 接到抢修完毕的通知后,向行调、维调汇报 6. 在维修过程中需开关整侧屏蔽门时需报行调,得到行调同意后,维持好站台秩序方可操作	车站值班员（行车）
	通知全线司机"××站××站台××对屏蔽门不能开启",进入该车站时加强瞭望,注意安全	行调

2. 单个/多对屏蔽门不能关门故障处理程序

某地铁车站单个/多对屏蔽门不能关门故障处理程序如表4.2所示。

表4.2 单个/多对屏蔽门不能关门故障处理程序

故障现象	处理程序	责任人
单个或多对门不能关门	1. 接到屏蔽门故障通知后,尽快到达故障点 2. 发现两对及以下屏蔽门不能正常关闭时,报告车站值班员（行车）,确认是否有阻碍物,如能及时清除则手动关闭屏蔽门。确认乘客上下完毕,所有车门关闭、站台安全后,向司机显示"好了"手信号 3. 发现三对及以上屏蔽门不能正常关闭时,报告车站值班员（行车）,广播通知站台乘客不要靠近故障屏蔽门,站务员加强故障屏蔽门周围的巡视,根据需要设置隔离带。乘客上下完毕,确认所有车门关闭、站台安全后,向司机显示"好了"手信号 4. 待列车离开站台后,采取人工方式关闭故障门单元,保证每节车厢对应的屏蔽门必须有1对及以上处在开启状态,并张贴"此门停用"告示,加强站台监控 5. 故障屏蔽门抢修时负责安全监控,当下趟列车在临站出发时,通知维修人员停止抢修;抢修完毕后向车站值班员（行车）报告 6. 故障屏蔽门单元恢复正常后,撤除屏蔽门故障告示	站务人员
	1. 发现单个或多对屏蔽门不能关闭时,立即通知车站派员前往协助,并报告行调 2. 与站台站务人员加强联系,确认乘客上下完毕后关屏蔽门、车门,确认站台站务人员的发车手信号动车,列车出站后报行调,动车前注意确认车门与屏蔽门之间的空隙安全	司机

续表

故障现象	处理程序	责任人
单个或多对门不能关门	1. 立即通知站务人员前往协助处理故障屏蔽门,加强对站台的监控及广播引导乘客候车 2. 报告行调:"××站××站台××对屏蔽门不能关闭" 3. 通知维调,维调通知检修人员处理 4. 维修人员到达现场后,根据车站的客流情况,安排维修人员进行抢修,并通知站台岗 5. 接到抢修完毕的通知后,向行调、维调汇报,并通知后方站本站屏蔽门恢复正常,观察后续三趟列车到发时屏蔽门的开关情况 6. 在维修过程中需开关整侧屏蔽门时需报行调,得到行调同意后,维持好站台秩序方可操作	车站值班员（行车）
	通知全线司机"××站××站台××对屏蔽门不能关闭",进入该车站时加强瞭望,注意安全	行调

3. 某侧站台所有屏蔽门不能开门故障处理程序

某地铁车站某侧站台所有屏蔽门不能开门故障处理程序如表 4.3 所示。

表 4.3 某侧站台所有屏蔽门不能开门故障处理程序

故障现象	处理程序	责任人
所有屏蔽门不能开门	1. 接到屏蔽门故障通知后,尽快到达故障点 2. 发现或接到所有屏蔽门故障的通知后,立即通知车控室。若司机及车控室打开屏蔽门无效,接到车控室"手动开启屏蔽门"的指令后,立即在站台侧手动开启屏蔽门（操作一道门所需时间约为10秒钟） 3. 在站台侧利用钥匙人工开启屏蔽门,保证每节车厢对应的屏蔽门有至少 1 对正常开启,并做好站台安全监控,引导乘客上下列车 4. 确认乘客上下完毕、所有车门关闭、站台安全后,向司机显示"好了"手信号 5. 待列车离开站台后,利用端门钥匙根据需要尽量打开其余屏蔽门,站务人员做好站台安全防护 6. 故障屏蔽门抢修时负责安全防护,当下趟列车在临站出发时,通知维修人员停止抢修;抢修完毕后向车站值班员（行车）报告 7. 故障屏蔽门单元恢复正常后,查看三趟列车到发时屏蔽门的开关情况	站务人员
	1. 发现所有屏蔽门不能开启,PSL 盘打到"就地"位尝试开门不成功后,立即报告行调 2. 广播通知乘客:"因屏蔽门故障,请需要下车的乘客前往已打开的屏蔽门下车",报告行调 3. 乘客上下完毕,司机确认"好了"信号,动车前注意确认屏蔽门间的空隙安全	司机
	1. 报告行调:"××站××站台所有屏蔽门不能开启",经行调同意在 IBP 盘上操作尝试开启屏蔽门 2. 若屏蔽门仍不能开启,则通知值班站长、站厅岗、车站值班员（客运）前往站台协助处理故障屏蔽门,加强对站台的监控及广播引导乘客候车 3. 通知维调,维调通知检修人员处理	车站值班员（行车）

续表

故障现象	处理程序	责任人
所有屏蔽门不能开门	4. 维修人员到达现场后,根据车站的客流情况,安排维修人员进行抢修,并通知站台岗 5. 接到站台岗抢修完毕的通知后,观察后续三趟列车到发时屏蔽门的开关情况,向行调汇报 6. 在维修过程中需开关整侧屏蔽门时需报行调,得到行调同意后,维持好站台秩序方可操作	车站值班员(行车)
	通知全线司机"××站××站台所有屏蔽门不能开启",进入该车站时加强瞭望,注意安全	行调

4. 某侧站台所有屏蔽门不能关门故障处理程序

某地铁车站某侧站台所有屏蔽门不能关门故障处理程序如表 4.4 所示。

表 4.4 某侧站台所有屏蔽门不能关门故障处理程序

故障现象	处理程序	责任人
所有屏蔽门不能关门	1. 接到屏蔽门故障通知后,尽快到达故障点 2. 列车客室门关闭时,广播通知站台乘客远离屏蔽门,防止乘客抢上抢下;客室门关闭,确认站台安全后,向司机显示"好了"信号,并密切注意站台乘客的动态,确保乘客安全 3. 电客车离开站台后,加强对站台的监控,防止在没有电客车停站时乘客进入开启的屏蔽门而掉下轨行区 4. 报告车站值班员(行车) 5. 故障屏蔽门抢修时负责安全监控,当下趟列车在临站出发时,通知维修人员停止抢修;抢修完毕后向车站值班员(行车)报	站务人员
	1. 发现所有屏蔽门不能关闭,PSL盘打到"就地"位尝试关门不成功后,立即报告行调 2. 发车时,司机与车站共同确认站台安全后,根据行调命令,司机操作互锁解除出站 3. 动车前注意确认车门与屏蔽门之间的空隙安全	司机
	1. 报告行调:"××站××站台所有屏蔽门不能关闭" 2. 通知值班站长、站厅岗、车站值班员(客运)前往站台协助处理故障屏蔽门,加强对站台的监控及广播引导乘客候车 3. 通知维调,维调通知检修人员处理 4. 当维修人员到达现场后,根据车站的客流情况安排维修人员进行抢修,并通知站台站务人员进行安全监护 5. 故障期间,安排人员加强对站台的控制 6. 接到站台岗抢修完毕的通知后,向行调汇报	车站值班员(行车)
	1. 通知司机注意掌握好关门动车时机 2. 通知全线司机"××站××站台所有屏蔽门不能关闭",进入该车站时加强瞭望,注意安全 3. 安排后续进站列车限速	行调

模 拟 实 训

屏蔽门模拟实训

【实训任务】

屏蔽门的手动操作。

【实训目的】

掌握屏蔽门的手动操作方法。

【实训要求】

1. 熟悉屏蔽门的结构组成；
2. 掌握屏蔽门的手动操作方法。

【实训环境】

具有屏蔽门实物的理实一体化教室或仿真实训室，或真实的地铁车站站台。

复习思考题

1. 简述站台安全门的优点。
2. 简述站台安全门的分类。
3. 简述站台安全门的构成。
4. 简述站台屏蔽门的控制方式及优先级如何。
5. 简述站台屏蔽门的操作方法。

案 例 分 析

东方网 2013 年 12 月 3 日消息：据《i 时代波》报道，昨天下午，轨交 3 号线虹口足球场站一乘客擅自从站台跳入轨道，造成线路延误 15 分钟。为防止此类擅自、不慎进入轨道事件，记者从地铁方获悉，既有高架地铁站正加快安装移动安全门，力争 2015 年全覆盖。明年 5 月前，1 号线北延伸段、南段和 5 号线全线将启用移动安全门。3、4、6 号线等高架车站也将加快安装"安全门"。

昨天 15 时 30 分左右，上海地铁官方微博表示 3 号线因人员进入线路，江湾镇往宝山路方向列车限速运行，发车班次间隔延长，预计影响时间 10 分钟以上。记者了解到，在 3 号线虹口足球场站，一名 40 多岁的男子擅自跳下轨道，随即被相关人员带离。受此影响，3 号线列车延误 15 分钟。

3 号线虹口足球场站是高架站。"如果有站台安全门，该乘客将无法进入轨道。客流高峰期，站台确实需要一些保护措施，防止人员进入轨道事件发生。"虹口足球场站一位站长表示。

（资料来源：东方网　http://sh.eastday.com/m/20131203/u1a7808351.html）

【问题】

1. 阅读案例，结合实际讨论安全门在城市轨道交通运营中的作用。
2. 上海地铁安装屏蔽门系统后收到了什么效果？结合实际谈谈自己的体会。

项目五　IBP 盘及紧急停车按钮

学习目标

1. 知识目标
(1) 了解 IBP 盘的组成；
(2) 掌握 IBP 盘的概念；
(3) 掌握 IBP 盘实现的功能；
(4) 掌握紧急停车按钮的操作。

2. 能力目标
(1) 能识别 IBP 盘的各功能模块；
(2) 能根据不同的运营状况操作 IBP 盘；
(3) 能操作紧急停车按钮。

学习任务

(1) IBP 盘的认知；
(2) IBP 盘的操作；
(3) 站台紧急停车按钮的操作。

教学建议

可在具有 IBP 盘及紧急停车按钮模拟设备或仿真系统的实训室开展"教、学、做"一体化教学；或者先进行理论教学，再到地铁车站车控室及站台由站台安全员、行车值班员或值班站长结合现场设备进行教学。

任务一　IBP 盘的认知

一、IBP 盘的概念

IBP 盘（综合后备盘）是为提高紧急情况下车站车控室值班人员的防灾救灾能力而设置的。IBP 盘由 IBP 面板、PLC（BAS 专业提供）、人机界面终端（其他专业提供并安装）、监控工作台构成。如图 5.1 所示。当中央、车站网络或计算机设备发生故障时，或在紧急情况下，车控室值班人员可直接操作 IBP 盘上的按钮、钥匙开关等，采用人工介入方式进行运行模式操作和某些设备的远程单动操作。发出的控制信号输入 IBP 盘 PLC，由 PLC 发出联动控制指令和某些设备的远程控制指令。另外，PLC 通过通信接口和 FAS 报警控制器连接，接收 FAS 报警控制器直接传来的火灾模式指令，并将火灾模式信息转送到现场冗余 PLC 和 BAS 工作站。其控制级别高于各系统操作站。

图 5.1 IBP 盘

二、IBP 盘的组成

IBP 盘一般由上下两部分组成,上面部分为马赛克盘面,盘面设置钥匙按钮、指示灯、带灯按钮、标识等单元模块,用于显示设备运行状态和控制操作;下面部分为设备操作台,主要放置各专业系统的设备,如显示器、调度电话和监视器等。

根据 IBP 盘的盘面布置大致可有两种形式。

(1) 集成模式:就是将车站的所有系统(或设备)的应急操作按钮和状态指示灯集成为一个操作盘,主要包括信号模块、门禁、自动扶梯和电梯、隧道通风、环境与设备监控、屏蔽门、AFC、防淹门等系统和设备。

(2) 分置模式:相对集成模式而言,是指 BAS 系统(通风空调、给排水、动力照明等)与其他系统(设备)的应急操作盘各自独立设置。

三、IBP 盘的功能

1. IBP 盘的主要功能

正常情况下,由控制中心调度人员指挥全线路的运行,在特殊情况下(如控制中心失去某项功能时),由控制中心授权车站来完成运营管理,此时 IBP 盘发挥作用。通过 IBP 盘对本车站进行应急管理,为故障处理或抢险争取时间。

2. 通过 IBP 盘可实现的紧急控制功能

(1) 环境与设备监控系统监控隧道通风、车站通风;监控车站及区间内的防排烟风机等设备。

(2) AFC 闸机的紧急释放。

(3) 信号系统站级控制。紧急停车、扣车和放行,显示启动信息,并提供报警。

(4) 屏蔽门紧急控制。

(5) 火灾自动报警系统中消防泵的控制。

(6) 电梯控制。监控垂直电梯及自动扶梯状态、故障报警。

(7) 门禁系统的监控。

(8) 供电系统的直流开关控制。

任务二　IBP 盘的操作

在 IBP 盘面上一般划分各分区对不同系统的设备进行监控，各分区有清楚文字线条指示。由于不同城市地铁的 IBP 盘盘面模块划分有所不同，本节在对 IBP 盘的操作进行叙述时，综合考虑各个地铁 IBP 盘的设计，将 IBP 盘划分为 7 个监控系统分区。IBP 盘上各监控系统分区设独立钥匙开关以允许该分区的按钮触发。各分区监控系统包括：

(1) 隧道紧急通风区域；
(2) 环境与设备监控区域；
(3) 屏蔽门区域；
(4) 自动扶梯及电梯系统区域；
(5) 自动售检票系统(AFC)区域；
(6) 门禁区域；
(7) 信号区域。

一、隧道紧急通风系统

IBP 盘隧道紧急通风盘面如图 5.2 所示。

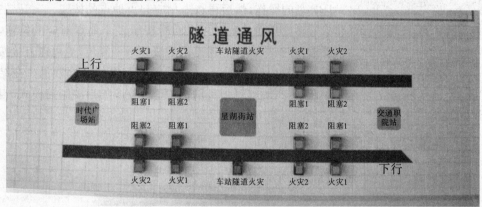

图 5.2　隧道通风系统区域

隧道通风主要有三个作用：第一，排烟(主要作用)；第二，提供一定的新风；第三，引导乘客疏散。

(1) 火灾 1、2 按钮：是在区间内进行的物理划分，把区间划分为若干个分区，根据区间发生火灾位置的不同，听从控制中心调度员的命令，按下相应的上行或下行的火灾 1、2 按钮，启动相应的风机和风阀。BAS 环控系统转为执行区间火灾模式。

(2) 阻塞 1、2 按钮：当列车在区间内停留超过 2 分钟时，就要启动相应的阻塞模式。根据列车阻塞在区间的位置，听从控制中心调度员的命令，按下相应的上行或下行的阻塞 1、2 按钮，启动相应的风机和风阀。BAS 环控系统转为执行阻塞模式。

(3) 车站隧道火灾按钮：在车站站台范围着火的情况下，按下相应的车站隧道火灾按钮，BAS 环控系统转为执行车站隧道火灾模式。

二、环境与设备监控

IBP 盘环境与设备监控区域盘面如图 5.3 所示。

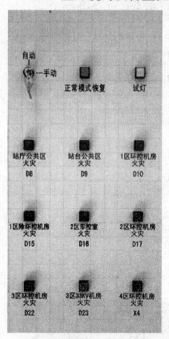

图 5.3 环境与设备监控区域

1. 按钮介绍

（1）手动/自动转换开关。当手动/自动开关位于自动位置时，车站环控系统为 BAS 自动控制，车站环控区域的按钮无效。当手动/自动开关位于手动位置时，车站环控系统为 IBP 盘紧急控制，车站环控区域的按钮有效。

（2）正常模式恢复按钮。当车站环控区域的紧急模式执行完成后，可以恢复通风空调系统模式的正常运行，可以按下该按钮，以恢复车站通风空调系统的正常运行。

（3）试灯按钮。按下试灯按钮，该区域所有指示灯全亮，按钮复位后指示灯熄灭。

2. 环境与设备监控区域操作

当站厅与站台的某一地点发生火情且 BAS 自动模式无法启动时，首先将钥匙打到手动位，手动状态灯亮起，激活 IBP 盘的操作，然后再点击相应起火地点的按钮。

多个地点火灾时可以同时按压多个地点对应的按钮，当要取消时，可以将上述点击的按钮一一复位，也可以直接按压绿色的复位按钮，则上述先前的所有操作全部取消。在结束操作后，将钥匙打到自动位，恢复 BAS 的自动监控模式，自动状态灯亮起。

三、屏蔽门模块

IBP 盘屏蔽门系统盘面如图 5.4 所示。

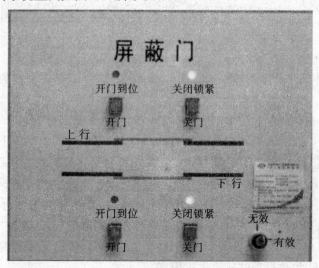

图 5.4 屏蔽门区域

1. 按钮介绍

(1) 手动自动转换开关。当手自动开关位于无效位置时,屏蔽门区域的按钮按下无效。当手自动开关位于有效位置时,屏蔽门系统为 IBP 盘紧急控制,屏蔽门区域的按钮按下有效。

(2) 开门到位指示灯。当相应侧屏蔽门开启且到位时,该指示灯亮;当相应侧屏蔽门关闭时,该指示灯灭。

(3) 关闭锁紧指示灯。当相应侧屏蔽门关闭且锁紧时,该指示灯亮;当相应侧屏蔽门开启时,该指示灯灭。

2. 屏蔽门模块操作

正常运营情况下,屏蔽门的开闭处于系统级的控制,实现自动开关。当车站发生火灾或其他紧急情况时,屏蔽门的开闭由 IBP 盘进行控制。具体操作如下:

(1) 将屏蔽门模块钥匙插进锁孔,旋转至"有效"位置时,"有效"一端的灯亮起。激活 IBP 盘的操作。

(2) 开关门操作:

① 开启一侧屏蔽门。按下对应的绿色"开门"按钮,此时站台相应侧的屏蔽门全部打开(滑动门打开);同时,"关闭锁紧"灯熄灭,开门到位后,"开门到位"灯亮起。

② 关闭一侧屏蔽门。按下对应的红色"关门"按钮,此时站台相应侧的屏蔽门全部关闭(滑动门关闭);同时,"开门到位"灯熄灭,关门到位后,"关闭锁紧"灯亮起。

(3) 操作完成后,将钥匙从"有效"位置旋转回"无效"位置,恢复屏蔽门的系统级控制模式。

四、自动扶梯及电梯区域

IBP 盘电扶梯区域盘面如图 5.5 所示。

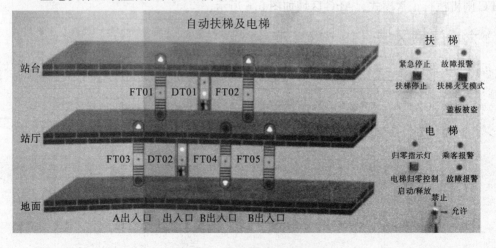

图 5.5 自动扶梯及电梯区域

1. 按钮介绍

(1) 手自动转换开关。当手自动开关位于禁止位置时,自动扶梯及电梯区域的按钮按下无效。当手自动开关位于允许位置时,自动扶梯及电梯系统为IBP盘紧急控制,自动扶梯及电梯区域的按钮按下有效。

(2) 盖板被盗声光报警灯。当出入口自动扶梯盖板被盗声光报警灯闪亮的时候,说明出入口自动扶梯盖板可能被盗窃。当出入口自动扶梯盖板恢复正常后,声光报警熄灭。

(3) 扶梯停止按钮。紧急情况下可按压该红色按钮,达到使自动扶梯紧急停止的目的。由于无法现场确认扶梯上是否有乘客,而且扶梯不存在缓停,因此禁止在非紧急情况下使用"停梯"操作。同时 BAS 扶梯监视界面发生相应动作。

(4) 扶梯火灾模式按钮。发生火灾时可按压该红色按钮,非疏散功能的扶梯停止运行,疏散功能的扶梯继续运行。

(5) 电梯归零控制按钮。发生紧急情况时,保证电梯回到基站。

2. 自动扶梯与电梯模块操作

在正常运营情况下,自动扶梯及电梯均采用就地控制方式。当车站发生火灾或在其他紧急情况下,自动扶梯及电梯由 IBP 盘进行控制。具体操作如下:

(1) 将自动扶梯及电梯模块钥匙插进锁孔,旋转至"允许"位置时,"允许"一端的灯亮起。激活 IBP 盘的操作。

(2) 自动扶梯操作。如发生火灾,则按压扶梯火灾模式按钮;如发生其他紧急情况,则按压扶梯停止按钮。

(3) 电梯操作。发生紧急情况时,按压电梯归零控制按钮。

(4) 操作完成后,将钥匙从"允许"位置旋转回"禁止"位置,恢复正常控制模式。

五、AFC 区域

当 AFC 闸机紧急释放按钮按下后,AFC 系统执行紧急释放模式,站内闸机全部开启,AFC 闸机紧急释放按钮指示灯亮。再次按下按钮,按钮复位,紧急释放指示灯按钮熄灭。AFC 闸机执行正常模式。AFC 区域如图 5.6 所示。

六、门禁区域

门禁区域如图 5.7 所示。

图 5.6　AFC 区域

图 5.7　门禁区域

当门禁紧急释放按钮按下后,门禁系统执行紧急释放模式,站内门禁全部开启,门禁紧急释放按钮指示灯亮。再次按下按钮,按钮复位,紧急释放指示灯按钮熄灭。门禁执行正常模式。

七、信号模块

IBP 盘信号系统盘面如图 5.8 所示。

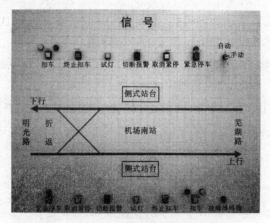

图 5.8 信号区域

1. 按钮介绍

（1）手自动钥匙开关。当手自动开关位于自动位置时,信号系统为 ATS 自动控制,信号区域的按钮按下无效。当手自动开关位于手动位置时,信号系统为 IBP 盘紧急控制,信号区域的按钮按下有效。

（2）扣车指示灯（红灯）。当 IBP 盘扣车按钮按下,扣车指令发出的时候,扣车指示灯（红灯）亮,同时黄灯灭。

（3）扣车指示灯（黄灯）。当 ATS 系统处于正常状态时,黄灯常亮。

（4）扣车按钮。当 IBP 盘扣车按钮按下,扣车指令发出的时候,扣车指示灯（红灯）亮,同时黄灯灭。ATS 系统接收到扣车按钮的命令后,控制列车停扣在该站站台,列车不允许发车。

（5）终止扣车按钮。当需要终止扣车按钮时,按下终止扣车按钮后,终止扣车指令发出,扣车指示灯（红灯）灭,同时黄灯亮。ATS 系统接收到终止扣车按钮的命令后,恢复正常模式,控制列车恢复正常运行,允许根据 ATS 系统的判断发车。

（6）试灯按钮。按下试灯按钮,信号区域所有指示灯全亮,按钮复位后指示灯熄灭。

（7）切断报警。当蜂鸣器报警时,按下此按钮,可以停止蜂鸣器报警。

（8）取消紧停。当需要取消紧急停止时,按下取消紧停按钮后,取消紧停信号发出,紧停指示灯（红灯）灭。ATS 系统接收到取消紧急停车按钮的命令后,恢复正常模式,控制列车恢复正常运行,允许列车根据 ATS 系统的判断发车。

（9）紧急停车按钮。当需要紧急停止时,按下紧急停止按钮,紧停信号发出,紧停指示灯（红灯）亮,同时蜂鸣器报警。ATS 系统接收到紧急停车按钮的命令后,控制列车紧急停止。

（10）紧急停车按钮指示灯。当紧急停车按钮按下后,紧急停车按钮指示灯亮;当取消紧停后,紧急停车按钮指示灯熄灭。

2. 信号模块操作

正常运营情况下,信号系统采用自动控制方式。当发生紧急情况时,信号系统由 IBP 盘进行控制。具体操作如下:
(1) 将信号系统模块钥匙插进锁孔,旋转至"手动"位置,激活 IBP 盘的操作。
(2) 根据现场实际运营状况按压相应的控制按钮。
(3) 操作完成后,将钥匙从"手动"位置旋转回"自动"位置,恢复正常控制模式。

任务三 紧急停车按钮的操作

一、功能

通过设置在各站站台上的紧急停车按钮(图 5.9),车控室综合后备盘(IBP 盘)上的紧急停车开关(图 5.10),实现紧急情况下对列车的控制。

图 5.9 站台紧急停车按钮

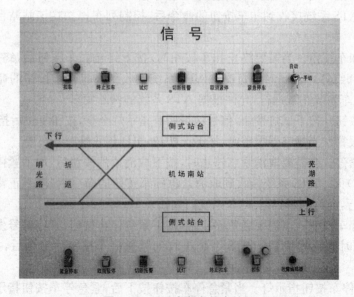

图 5.10 IBP 盘紧急停车按钮

在紧急情况下,可通过按压站台任一位置的紧急停车按钮,或者按压车控室 IBP 盘上的紧急停车开关,禁止列车自区间进入车站,禁止已停在车站的列车出发进入区间,对于已启动而尚未完全离开车站的列车应实施紧急制动停车,实现车站封锁的功能。

如为岛式站台,则本侧紧急停车按钮仅对相应侧的线路实行车站封锁;如为侧式站台,则对上、下行线路都实行车站封锁。

二、安装位置及要求

在车站站台适当位置设置紧急停车按钮,每侧站台设置 2 个;紧急停车按钮为非自复式按钮,使用钥匙使其复位;设置红色指示灯,当按下紧急停车按钮后,该按钮的指示灯点亮,车控室 IBP 盘对应站台的指示灯也同时点亮,表示该紧急停车按钮被激活。

在车控室内的 IBP 盘上对应每侧站台设置 1 个紧急停车开关,并有指示灯。当发现紧急情况需紧急停车时,按压紧急停车按钮,IBP 盘上对应站台的指示灯点亮,表示该紧急停车按钮被激活。当紧急情况结束后,按压取消紧急停车按钮进行复位。

三、紧急停车按钮使用条件

(1) 当车站内发生火灾、卧轨、乘客不慎掉入轨道等紧急情况时,发现的候车乘客或站台安全员可以按下站台紧急停车按钮;车控室行车值班员可以按压 IBP 盘上的紧急停车按钮,行车系统及控制中心会阻止列车驶入站内。

(2) 当车站内乘客比较多,有乘客抢上抢下的情况,或是出现乘客或乘客的东西被屏蔽门卡着的情况时,其他乘客或站台安全员可以按下站台紧急停车按钮;车控室行车值班员可以按压 IBP 盘上的紧急停车按钮,此时列车会停车。

四、紧急停车按钮操作流程

紧急停车按钮操作流程如图 5.11 所示。

模 拟 实 训

IBP 盘模拟实训

【实训任务】
IBP 盘的操作。

【实训目的】
掌握不同运营状况下 IBP 盘的操作。

【实训要求】
(1) 熟悉 IBP 盘的结构组成;
(2) 掌握 IBP 盘的操作。

【实训环境】
具有 IBP 盘实物的理实一体化教室或仿真实训室,或地铁车站车控室。

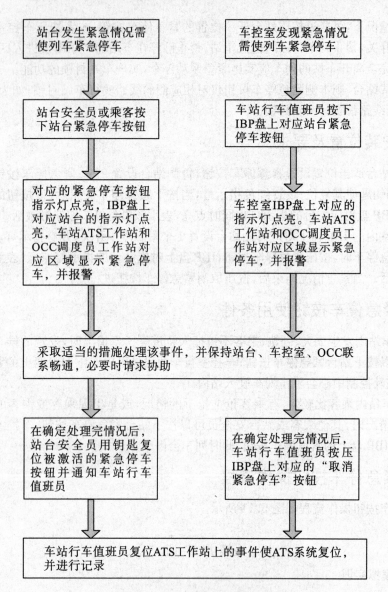

图 5.11 紧急停车按钮操作流程

复习思考题

1. 简述 IBP 盘的定义。
2. 简述 IBP 盘的功能。
3. 简述紧急停车按钮的操作流程。

案例分析

  随着城市轨道交通的快速发展,对车站 IBP 盘的要求不管是外观、结构还是功能方面都秉承精益求精的原则。无锡地铁遵循以人为本、优质服务、追求卓越的设计理念,坚持整体美观统一、局部模块化个性设计的原则,于 2012 年 12 月顺利完成 1 号线 IBP 盘样机生产。

IBP盘又称综合后备盘，放置在地铁车站综合控制室内，IBP盘由IBP面板、PLC、人机界面终端、监控工作台构成。它的主要功能有：车站值班操作员在发现车站设备服务器或者人机界面出现故障时，通过IBP盘对本车站进行应急管理；或在紧急情况下直接操作IBP盘上按钮、钥匙开关等，采用人工介入方式进行运行模式操作和某些设备的远程单动操作。

　　IBP盘外观流畅优美，采用流线型结构，四个单体之间夹角为5°，整体呈现直角圆弧，每个单体都可拆卸，方便运输；在用材方面，主体结构采用优质、可靠、耐用、一体成型的钢结构材质，钢板厚度超过2毫米，同比明显超过国内其他地铁IBP盘主体结构厚度；盘面采用阻燃马赛克材料，保证设备的安全可靠；结构设计方面，下柜前后设置快卸门，方便日常维护，显示器平放于桌面，使操作台台面清洁，同时兼顾人机工程学原理，综合考虑无锡地铁运营人员的平均高度，设置合理的IBP盘柜高，便于运营人员按键操作；后上门采用后气杆支撑门专利技术，使维护更加便捷；可任意调节活动主机托盘高度，卧式或立式主机都能放置；每个柜内都设一块安装板，可以安装PLC模块、电源、空开等元件，每个柜内都设置维修照明以方便维护；无论是快卸门还是气杆门，门上都设通风散热孔；为了加强柜内通风散热，每个下柜体两侧安装风扇。

　　IBP盘色调柔和，整体采用暖色系列，喷涂图纹为小桔纹，与工作环境十分匹配；IBP盘面布置采取了功能分区构思，将盘面根据各个系统功能不同划分为9个各自独立的区域：信号、自动电扶梯、屏蔽门、门禁、车站环控、隧道通风、AFC闸机、高压细水雾和消防水泵，界面划分清晰，专业分工明确，系统互不干扰，为车站操作人员实时操作提供很大的便利。

　　IBP盘样机无论从外观、结构还是功能使用，都将为车站操作人员营造一个舒适的工作环境，也将为未来无锡地铁良好运营提供坚实保障。

　　　　（资料来源：无锡地铁　http://www.wxmetro.net/gdjs/yyzb/16281.shtml）

【问题】
1. 结合案例，讨论IBP盘在车站运营管理中的作用。
2. 阅读案例，结合实际谈谈IBP盘的组成及其功能。

模块三 安全设备

项目六 火灾自动报警系统

学习目标

1. 知识目标
(1) 了解地铁火灾的特征及原因;
(2) 了解我国地铁存在的消防问题;
(3) 了解灭火器及消火栓的使用方法;
(4) 掌握火灾自动报警系统的功能;
(5) 掌握火灾自动报警系统的操作管理;
(6) 掌握气体灭火系统的使用方法;
(7) 掌握地铁火灾的应急处理程序。

2. 能力目标
(1) 能使用灭火器及消火栓;
(2) 能使用气体灭火系统;
(3) 能操作火灾自动报警系统;
(4) 能对地铁火灾进行紧急处理。

学习任务

(1) 地铁火灾的认知;
(2) 常见消防器材的使用;
(3) 地铁火灾自动报警系统的使用;
(4) 地铁火灾的应急处理。

教学建议

可在具有火灾自动报警系统仿真系统的实训室开展"教、学、做"一体化教学;或者先进行理论教学,再到地铁车站由站台安全员、行车值班员、值班站长及控制中心由环控调度员结合现场设备进行教学。

任务一 地铁火灾的认知

随着城市地铁的迅速发展,地铁灾害问题也愈来愈引起人们的重视。在轨道交通系统发生的灾害中,火灾占的比例最高,约占30%,是城市消防工作的重点和难点。因而,在地铁建设与运营过程中,地铁火灾是不容忽视的问题。近年来,地铁火灾屡见不鲜。例如,2003年2月18日,韩国大邱市地铁发生火灾事故,造成至少126人死亡,146人受伤,318人失踪;2005年7月6日,法国巴黎北部辛普朗因地铁车厢电路短路发生火灾,造成19人死亡。据不完全统计,我国地铁自1969年投入运行以来,共发生火灾156起,其中重大火灾3起,特大火灾1起。在我国政府大力推进地铁建设的今天,地铁火灾事故的预防和应对更应该引起全社会的共同关注。

一、地铁火灾的特征

地铁是通过挖掘的方法获得的建筑空间,隧道外围是土壤和岩石,只有内部空间而没有外部空间,且仅有与地面连接的通道作为出入口,不像地面建筑有门、窗,可与大气连通。由于地铁隧道存在上述构造上的特殊性,与地面建筑相比,发生火灾时的特点主要表现在以下几个方面:

1. 疏散难度大

(1) 客流量大。在地铁突发火灾事故情况下,地铁大的客流量使得组织有序疏散很难,如要确保所有乘客在有限的时间内全部逃生,难度更大。上海已建成运营的地铁一号线、二号线和明珠线日均客流总量为100万人次,其中,地铁人民广场站日均客流量为25万人次,地铁的满载率和单车运行均居世界第一。

(2) 逃生条件差。世界上仅考虑商业运营的地铁,一般建在地下15 m左右,考虑商业和战备兼顾的地铁,则一般建在深达30~70 m的地下,突发火灾事故后,乘客安全逃生的把握性不大。

(3) 逃生途径少。地铁运营环境的特定性,决定了供乘客安全逃生途径的单一性。除安全疏散通道外,既没有供乘客使用的垂直电梯(设计上仅考虑残疾人专用电梯),也没有紧急避难场所,突发火灾事故时,大量乘客同时涌向狭窄的通道及楼梯,另有检票机等障碍物挡道,严重影响乘客快速逃生。列车若在隧道的发生火灾,乘客逃生的唯一通道是列车首尾一扇宽度仅为80 cm的直通式紧急疏散门。

(4) 逃生距离长。一旦突发火灾事故,乘客往往习惯性从平常行走相对熟悉的路线或盲目随他人逃生,这对于选择较长路线逃生的乘客来说,被困受害的可能性也随之增大。

(5) 允许逃生的时间短。实验证明,允许乘客逃生的时间只有五分钟左右,甚至更短。

(6) 乘客逃生意识差异大。地铁站台、站厅或列车内突发火灾事故后,险恶的灾害环境容易使乘客产生恐慌及焦虑心理,从众是多数人的选择,争先恐后涌向出口处时,被踩、挤、压而倒地后,易导致群死群伤。另外,因恐惧迷失方向后,易导致被困直接致伤或致死。

2. 火灾烟雾潜在危险

(1) 氧含量急剧下降,发烟量大。地铁火灾发生时,由于隧道的相对封闭性,大量的新鲜空气难以迅速补充,致使空气中氧气含量急剧下降,导致人体四肢无力,判断能力低,易迷失方向甚至晕倒,失去逃生能力而死亡。火灾时由于新鲜空气供给不足,气体交换不充分,导致CO等有毒有烟气体的大量产生,不仅降低了隧道内的可见度,同时加大了疏散人群窒息的可能性。可燃物质燃烧时产生的有毒气体如表6.1所示。

表 6.1　可燃物质燃烧时产生的有毒气体表

可燃物名称	有毒气体	可燃物名称	有毒气体
木材	CO_2、CO	聚氟乙烯	CO_2、CO、氧化氢
羊毛	CO_2、CO、H_2S、NH_3	尼龙	CO_2、CO、乙醛氨
棉花、人造纤维	CO_2、CO	酚树脂	CO、氨、氰化物
聚四氟乙烯	CO_2、CO	三聚氰胺—醛树脂	CO、氨、氰化物
聚苯乙烯	苯、甲苯	环氧树脂	CO_2、CO、丙酮

(2) 排烟排热差。被岩石和土壤包裹的地下隧道，热交换十分困难。烟气形成的高温气流会对人体产生巨大的影响。这些流动性很强的烟和有毒气体，在地下通道内四处流窜，短时间内充满整个地下空间，给建筑内人员和救灾人员带来极大的生命威胁。

3．火情探测和扑救困难

扑救地下建筑火灾的难度，相当于扑救超高层建筑顶层火灾的难度。地铁发生火灾时，究竟发生在哪个部位，无法直接观察火场，需要详细询问和研究地下工程图，分析可能发生火灾的部位和可能出现的情况，才能制定出灭火方案。同时出入口有限，扑救工作难以展开。再加上通信联络困难，为消防扑救工作增加了障碍。

二、地铁火灾原因分析

自从地铁出现以来，地铁火灾事故就一直不断。从早期的伦敦地铁火灾到近期的韩国大邱地铁火灾，无一不造成惨重伤亡。我们以韩国大邱地铁火灾为例进行分析，大致有三点原因：

1．管理方面的原因

管理上的疏漏是造成火灾的主要原因。即地铁公司没有制定严格的管理制度，导致存在众多安全隐患。以韩国大邱地铁火灾为例，正是由于地铁公司的疏漏，没有对上车旅客进行安全检查，导致纵火犯轻松将汽油带上列车。如果地铁有保安或警察的话，惨剧也许就不会发生。而更让人难以相信的是，地铁车厢里竟然没有配备灭火器，管理者如此麻痹大意，事故责任难以推脱。

2．列车材料的因素

这次韩国地铁火灾发生的起源是地铁车厢的起燃，这是由于地铁车厢内多为易燃品，且车厢与车厢之间不是相通的，很多座位所用的装饰材料都是易燃的薄绒布。由于这种材料一旦着火便难以控制，所以导致严重后果。而发生火灾后，地铁的照明系统失控、车门的自动关闭，也是造成这次重大伤亡事故的重要原因。

3．人的因素

韩国大邱地铁火灾事故告诉人们，人的因素是造成大多数事故发生的最主要原因。人的行为加上物的不安全状态导致了危险的出现，而危险会不会最终演变成为事故，是取决于人面对危险所采取的措施正确与否。这次火灾之所以会造成如此多的人员伤亡，在人的责任方面，除了蓄意纵火的嫌疑犯外，地铁员工的责任不可推卸。其主要责任有：第一，因害怕有毒气体进入车厢，第二列列车的驾驶员没有及时打开车厢疏散乘客，从这列列车中逃生的一名乘客说,其实当时烟雾并不是很浓,如果车门不是关着的话,可以有更多的乘客逃生;第二,地铁进站控制人员指挥失误,当第一列列车发生火灾后,他却通知第二列列车进站,导致两车相撞,从而使第二列列车也被点燃,造成更多的人员伤亡。

三、我国地铁存在的消防问题

1. 老地铁火灾隐患较多

隐患主要体现在以下几点:电气设备隐患严重、电线电缆敷设错乱、火灾荷载较大、设备运转超负荷、私搭乱建房屋、电客车安全性能不高、消防设施不完备、通风及排烟设施差、安全疏散能力严重不足。

2. 设备区安全设计不合理

某些地铁车站在设备区无安全出口,其工作人员疏散问题成为较大隐患。由于设备用房小而零乱,加之各种房屋的使用功能以及火灾性质差异很大,其内部存在各种各样的设备,管理复杂,因而给消防安全带来很大的隐患。

3. 地铁站防排烟设计难以把握

地铁车站是一种非常特殊的建筑物,是否应该划分防烟分区,在哪些位置需要划分防烟分区,如何依靠有组织的气流控制和充足的排风量来保证满足排烟的要求没有可靠的理论支持。

4. 用于地铁灭火求援的消防警力不足

5. 应对地铁火灾的训练、演练不足

四、地铁火灾的预防

(1) 严格按照防火规范设计;
(2) 内部建设与装修选用不燃材料及新型防火材料;
(3) 设置防火防烟分区及防火隔断装置;
(4) 设置火灾自动报警和自动喷水灭火系统等建筑消防设施;
(5) 设置足够的应急照明装置和疏散指示标识;
(6) 制定针对火灾发生时的应急方案,并加强防火演练;
(7) 提高相关人员的消防素质;
(8) 健全地铁消防安全制度。

任务二　常见消防器材的使用

一、消防标识的识别

消防标识是用于表明消防设施特征的符号,它是用于说明建筑配备各种消防设备、设施,标识安装的位置,并诱导人们在事故时采取合理正确的行动。

国内外实际应用表明,在疏散走道和主要疏散路线的地面上或靠近地面的墙上设置发光疏散指示标志,对安全疏散能起到很好的作用,可以更有效地帮助人们在浓烟弥漫的情况下,及时识别疏散位置和方向,迅速沿发光疏散指示标识顺利疏散。总结以往的火灾事故,往往是在发生事故的初期,人们看不到消防标识、找不到消防设施,而不能采取正确的疏散和灭火措施,造成大量的人员伤亡事故。常见消防标识如图6.1所示。

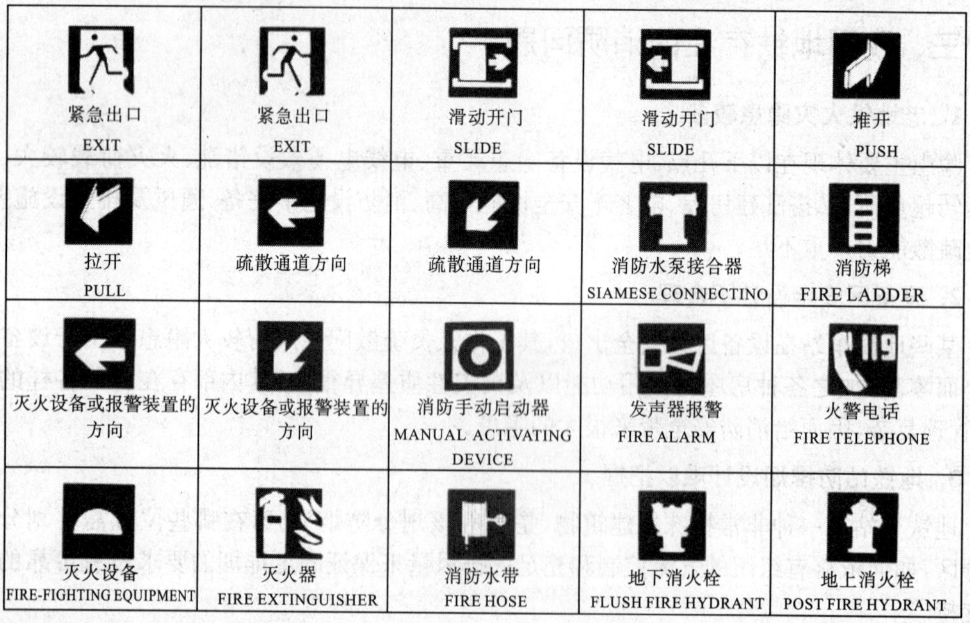

图6.1 常见消防标识

二、灭火器的使用

1. 火灾分类

火灾依据物质燃烧特性,可划分为A、B、C、D、E、F、K七类。如表6.2表示。

表6.2 火灾分类

类别	定义	说明
A类火灾	指固体物质火灾	这种物质通常具有有机物质性质,一般在燃烧后余烬灼热。如木材、煤、棉、毛、麻、纸张等火灾
B类火灾	指液体或可熔化的固体物质火灾	如煤油、柴油、原油、甲醇、乙醇、沥青、石蜡等火灾
C类火灾	指气体火灾	如煤气、天然气、甲烷、乙烷、丙烷、氢气等火灾
D类火灾	指金属火灾	如钾、钠、镁、铝镁合金等火灾
E类火灾	带电火灾	物体带电燃烧的火灾
F类火灾	烹饪器具内的烹饪物(如动植物油脂)火灾	烹饪器具内的烹饪物(如动植物油脂)火灾
K类火灾	食用油类火灾	通常食用油的平均燃烧速率大于烃类油,与其他类型的液体火相比,食用油火很难被扑灭,由于有很多不同于烃类油火灾的行为,它被单独划分为一类火灾

2. 灭火器的选用

灭火器的分类方法很多，通常按充装灭火剂的类型来划分。常见的有以下四种：手提式干粉灭火器、手提式二氧化碳灭火器、手提式泡沫灭火器、清水灭火器。

(1) 手提式干粉灭火器：如图 6.2 所示。

① 适用范围。干粉灭火器适用于易燃、可燃液体、气体及带电设备的初起火灾（A、B、C 类火灾），干粉灭火器药剂的主要成分是碳酸氢钠，即小苏打和磷酸氢二铵。

图 6.2 手提式干粉灭火剂

② 灭火原理。一是靠干粉中的无机盐的挥发性分解物，与燃烧过程中燃料所产生的自由基或活性基团发生化学抑制和负催化作用，使燃烧的链反应中断而灭火；二是靠干粉的粉末落在可燃物表面外，发生化学反应，并在高温作用下形成一层玻璃状覆盖层，从而隔绝氧，进而窒息灭火。另外，还有部分稀释氧和冷却作用。

③ 使用方法。干粉灭火器最常用的开启方法为压把法，将灭火器提到距火源适当距离后，先上下颠倒几次，使筒内的干粉松动，然后让喷嘴对准燃烧最猛烈处，拔去保险销，压下压把，灭火剂便会喷出灭火。如图 6.3 所示。

1. 取出灭火器　　2. 拔掉保险销　　3. 一手握住压把，另一手握住喷管　　4. 对准火苗根部喷射（人站立在上风部）

图 6.3 手提式干粉灭火器的使用流程

(2) 手提式二氧化碳灭火器：如图 6.4 所示。

图 6.4 手提式二氧化碳灭火器

① 适用范围。适用于扑救 B 类火灾,如煤油、柴油、原油、甲醇、乙醇、沥青、石蜡等火灾。适用于扑救 C 类火灾,如煤气、天然气、甲烷、乙烷、丙烷、氢气等火灾。适用于扑救 E 类火灾,如物体带电燃烧的火灾。

② 灭火原理。二氧化碳灭火剂是一种具有一百多年历史的灭火剂,价格低廉,获取、制备容易,其主要依靠窒息作用和部分冷却作用灭火。二氧化碳具有较高的密度,约为空气的 1.5 倍。在常压下,液态的二氧化碳会立即汽化,一般 1 kg 的液态二氧化碳可产生约 0.5 立方米的气体。因而,灭火时,二氧化碳气体可以排除空气而包围在燃烧物体的表面或分布于较密闭的空间中,降低可燃物周围或防护空间内的氧浓度,产生窒息作用而灭火。另外,二氧化碳从储存容器中喷出时,会由液体迅速汽化成气体而从周围吸收部分热量,起到冷却的作用。

③ 使用方法。在使用时,应首先将灭火器提到起火地点,放下灭火器,拔出保险销,一只手握住喇叭筒根部的手柄,另一只手紧握启闭阀的压把。对没有喷射软管的二氧化碳灭火器,应把喇叭筒往上扳 70°～90°。使用时,不能直接用手抓住喇叭筒外壁或金属连接管,防止手被冻伤。在使用二氧化碳灭火器时,在室外使用的,应选择上风方向喷射;在室内窄小空间使用的,灭火后操作者应迅速离开,以防窒息。如图 6.5 所示。

图 6.5 手提式二氧化碳灭火器使用流程

(3) 手提式泡沫灭火器：如图6.6所示。

① 适用范围。适用于扑救一般B类火灾，如油制品、油脂等火灾，也可适用于A类火灾，但不能扑救B类火灾中的水溶性可燃、易燃液体的火灾，如醇、酯、醚、酮等物质火灾；也不能扑救带电设备及C类和D类火灾。

② 灭火原理。使用泡沫灭火器灭火时，能喷射出大量二氧化碳及泡沫，它们能黏附在可燃物上，使可燃物与空气隔绝，破坏燃烧条件，从而达到灭火的目的。

③ 使用方法。可手提筒体上部的提环，迅速奔赴火场。这时应注意不得使灭火器过分倾斜，更不可横拿或颠倒，以免两种药剂混合而提前喷出。当距离着火点10米左右，即可将筒体颠倒过来，一只手紧握提环，另一只手扶住筒体的底圈，将射流对准燃烧物。在扑救可燃液体火灾时，如已呈

图6.6 手提式泡沫灭火器

流淌状燃烧，则将泡沫由远而近喷射，使泡沫完全覆盖在燃烧液面上；如在容器内燃烧，应将泡沫射向容器的内壁，使泡沫沿着内壁流淌，逐步覆盖着火液面。切忌直接对准液面喷射，以免由于射流的冲击，反而将燃烧的液体冲散或冲出容器，扩大燃烧范围。在扑救固体物质火灾时，应将射流对准燃烧最猛烈处。灭火时随有效喷射距离的缩短，使用者应逐渐向燃烧区靠近，并始终将泡沫喷在燃烧物上，直到扑灭。使用时，灭火器应始终保持倒置状态，否则会中断喷射。

(4) 手提式清水灭火器：如图6.7所示。

图6.7 手提式清水灭火器

① 适用范围。清水灭火器采用清水作灭火药剂，加入一定量的添加剂，可扑灭纸张、木材、纺织品等引起的A类火灾。

② 灭火原理。清水灭火器中的灭火剂为清水。水在常温下具有较低的黏度、较高的热稳定性、较大的密度和较高的表面张力，是一种古老而又使用范围广泛的天然灭火剂，易于获取和储存。他主要依靠冷却和窒息作用进行灭火。因为每千克水自常温加热至沸点并完全蒸发汽化，可以吸收2 593.4 kJ的热量。因此，它利用自身吸收显热和潜热的能力发挥冷却灭火作用，是其他灭火剂所无法比拟的。此外，水被汽化后形成的水蒸气为惰性气体，且体积将膨胀1 700倍左右。在灭火时，由水汽化产生的水蒸气将占据燃烧区域的空间，稀释燃烧物周围的氧含量，阻碍新鲜空气进入燃烧区，使燃烧区内的氧浓度大大降低，从而达到窒息灭火的目的。当水呈喷淋雾状时，形成的水滴和雾滴的比表面积将大大增加，增强了水与火之间的热交换作用，从而强化了其冷却和窒息作用。另外，对一些易溶于水的可燃、易燃液体还可起稀释作用；采用强射流产生的水雾可使可燃、易燃液体产生乳化作用，使液体表面迅速冷却、可燃蒸汽产生速度降低而达到灭火的目的。

③ 使用方法。将清水灭火器提至火场,在距燃烧物大约 10 米处,将灭火器直立放稳。注意:灭火器不能放在离燃烧物太远处,这是因为清水灭火器的有效喷射距离在 10 米左右,否则,清水灭火器喷出的水喷不到燃烧物上。摘下保险帽,用手掌拍击开启杆顶端的凸头,这时,清水便从喷嘴喷出。当清水从喷嘴喷出时,立即用一只手提起灭火器筒盖上的提圈,另一只手托起灭火器的底圈,将喷射的水流对准燃烧最猛烈处喷射。因为清水灭火器有效喷水时间仅有 1 分钟左右,所以,当灭火器有水喷出时,应迅速将灭火器提起,将水流对准燃烧最猛烈处喷射。随着灭火器喷射距离的缩短,操作者应逐渐向燃烧物靠近,使水流始终喷射在燃烧处,直至将火扑灭。清水灭火器在使用过程中应始终与地面保持大致垂直状态,不能颠倒或横卧,否则,会影响水流的喷出。

三、消火栓的使用

消火栓是一种固定消防工具,主要作用是控制可燃物、隔绝助燃物、消除着火源。

消火栓的使用方法如图 6.8 所示。

(1) 打开消火栓;
(2) 取出消防水带向着火点展开;
(3) 接上水枪;
(4) 连接水源;
(5) 手握水枪头及水管打开水阀门,即可灭火。

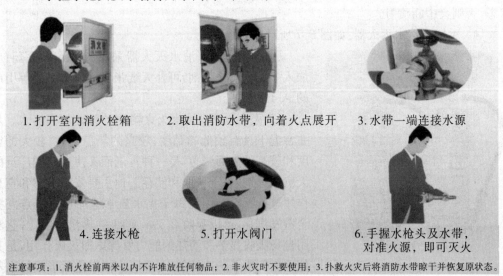

图 6.8 消火栓使用流程

任务三 地铁火灾自动报警系统的使用

火灾自动报警系统(FAS)具有自动检测、自动判断、自动报警功能,通过设置在保护现场的各类自动探测器或手动报警器,感知火灾现场燃烧所产生的火焰、热量和烟雾等特性,实现火灾早期预警和通报,使火灾造成的危害降到最低。

一、FAS 系统功能

FAS 系统设中央、车站两级管理及中央、车站、就地三级控制。因而,FAS 系统功能可分为中央级、车站级和就地级。

1. 中央级功能

(1) 控制中心是全线的消防控制中心,通过 OCC 环调工作站可监视和控制整个地铁 FAS。

(2) 可接收、显示并存储全线火灾自动报警设备的运行状态,接收全线各车站、区间隧道、控制中心、车辆段和主变电所的火灾报警信号,显示报警部位,包括火灾报警、监视报警、设备的故障报警、网络的故障报警,并实时打印报警信息。

(3) 火灾报警及故障数据的存储时间不少于 1 个月。

(4) 发生火灾时,工作站显示屏能自动弹出火灾报警区域的平面图,显示火灾报警信息框,并发出声光报警信号。火灾报警具有最高优先级,当同时存在火灾及其他报警时,优先报火警。

(5) 通过闭路电视系统切换装置和显示终端确认火灾灾情,或者通过有线或无线调度电话,确认火灾灾情,根据火灾发生的实际情况,手动选择预定的火灾模式,向车站级控制室发出火灾模式指令和安全疏散命令,指挥救灾工作的开展。

(6) 接收主时钟的信息,使 FAS 时钟与主时钟同步。

2. 车站级功能

(1) 监视车站内消防设备的运行状态,接收车站及重要设备房的火灾、故障报警,并显示报警部位。

(2) 向消防指挥中心报告灾情,优先接收消防控制指挥中心发出的消防救灾指令和安全疏散命令。

(3) 通过 FAS 的数据接口直接向机电设备监控系统 BAS 发出救灾模式指令,BAS 按接收到的模式指令,将所控制的设备转换成预定的火灾运行模式,并将其所接收的确认信号反馈给 FAS。

(4) 通过消防广播系统和闭路电视监视系统,对乘客进行安全疏散引导。

3. 就地级功能

就地级功能主要是指各类自动探测器或手动报警器的具体功能。如通过感烟探测器、感温探测器、火焰式探测器等探测火灾的灾情,并把现场探测模拟数据传送回火灾自动报警控制盘。

二、FAS 系统设备

为了实现 FAS 系统的三级功能,应该针对这三级功能分别配备相应的设备。

1. 中央级设备

中央级设备位于 OCC 控制中心,配置有中央级两台主控图形监视计算机和一台火灾报警控制主机,监视、接收全线各车站、控制中心大楼、车辆段的火灾报警控制器(分机)的各类信息。

两台主控图形监视计算机互为主备,当一台出现故障退出运行时,另一台仍然正常工作。另外,系统还配备了两台打印机,一台用于实时数据打印,另一台用于报表或历史记录打印。

2. 车站级设备

车站级设备主要由火灾报警主机、车站级图形监视计算机、打印机、消防联动柜、紧急电话主机等构成。

车站火灾报警主机通过总线与现场设备相连组成所辖站点的火灾报警子系统,同时各火灾报警主机均作为 FAS 网络的一个节点,与其他站点及防灾指挥中心进行通信和信息交换。

火灾报警子系统通过专用通信接口与本站点内的 BAS 进行信息交换,当火灾信息确认后,FAS 向 BAS 发出火灾报警信息和消防控制模式,通过 BAS 和 FAS 直接控制的消防设备,实施消防处理。车站 FAS 子系统构成如图 6.9 所示。

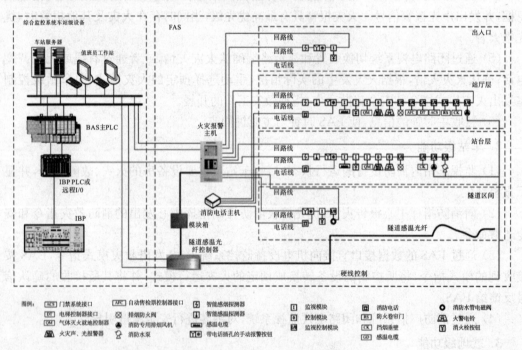

图 6.9 车站 FAS 子系统构成图

3. 就地级设备

就地级设备主要包括烟感探测器(如图 6.10 所示)、温感探测器(如图 6.11 所示)、消防警铃(如图 6.12 所示)、手动报警按钮(如图 6.13 所示)等,它们用来感知火灾发生时燃烧所产生的火焰、热量和烟雾等特性,实现火灾早期预警和通报的装置。

图 6.10 烟感探测器

图 6.11 温感探测器

图 6.12 消防警铃

图 6.13 手动报警按钮

三、火灾自动报警系统操作管理

1. 日常运行方式

在系统正常运行的情况下,由车站站务人员对 FAS 系统进行日常巡视。当发生火灾报警时,应立即携带通信工具到报警现场确认是否发生火灾。如果发生火灾,应按照相关规定执行。如果是误报,则应调查清楚干扰原因,待干扰因素消除后,在消防火灾自动控制盘上进行复位。

2. 火灾确认方式

(1) 手动确认模式。在车站,当只有一个烟感或温感探测到火警时,车站 FAS 主机显示火警,车控室内声光报警器鸣响亮,图形监视计算机弹出报警界面,并显示报警位置及报警设备,FAS 系统不联动任何消防设备。若此时在火灾报警控制盘上按下"火灾手动确认"键,FAS 系统发送火灾模式号给 BAS 系统,由 BAS 系统联动车站防排烟设备执行灭火程序,同时,FAS 系统联动电梯归首层、防火卷帘下降、门禁开放。

(2) 自动确认模式。在车站,当同一防火分区有两个以上的烟感或温感探测到火警、或一个烟感(温感)探测到火警并有任一手动报警按钮时,FAS 系统自动发送火灾模式号给 BAS 系统,由 BAS 系统联动车站防排烟设备执行灭火程序,同时,FAS 系统联动电梯归首层、防火卷帘下降、门禁开放。

火灾模式下的系统间联动的模型如图 6.14 所示。

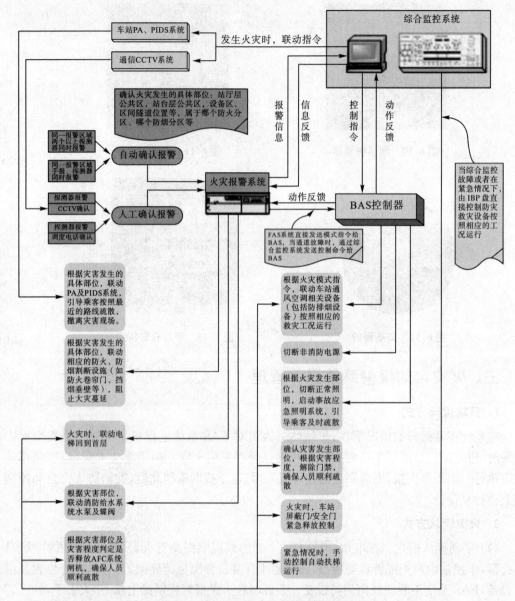

图 6.14　火灾模式下的系统间联动模型图

四、自动气体灭火系统的使用

自动气体灭火系统布置在重要的设备房，如高低压室、通信设备室、环控电控室、信号设备室等，能实现火警信号采集、系统信息处理、声光报警控制、信息报告、相关环控设备联动控制和气体释放全过程自动控制。

城市轨道交通采用的气体自动灭火系统主要有二氧化碳灭火系统、卤代烷灭火系统、烟烙尽气体灭火系统和七氟丙烷气体灭火系统。本部分内容以烟烙尽气体灭火系统为例进行讲解。

1. IG-541气体灭火系统灭火原理

该系统灭火剂成分为：52%的氮气、40%的氩气、8%的二氧化碳。这三种自然存在于大气中的气体，对扑灭 A、B、C 类火灾有效。当 IG－541 气体依规定的设计灭火浓度喷放于需要保护的区域中时，可以在 1 分钟之内将区域内的氧气迅速降至 12.5%，使燃烧无法继续进行。同时，在这样低的氧气浓度下，由于保护区域中的二氧化碳浓度已从自然状态下的低于 1% 提高到 4%，促使人的呼吸速率比平时加快，可以在单位时间内吸入更多的氧气以维持正常的生命所需。其中的氩气，还具有加强 IG-541 气体在所保护区域中的流动性、进一步提高灭火效率的作用。如图 6.15 所示。

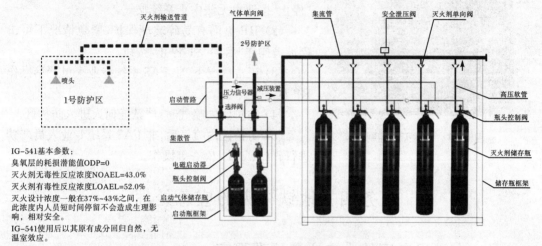

图 6.15　IG-541 气体灭火系统示意图

2. IG-541 气体灭火系统管网的布置

地铁车站气体灭火系统采用组合分配式的管网布置，即使用一组灭火剂储存装置保护多个防护区的布置形式。如图 6.16 所示。在灭火剂总管上可以分出多个干管支路，并分别设置选择阀，可按照灭火需要将灭火剂输送到着火区域。

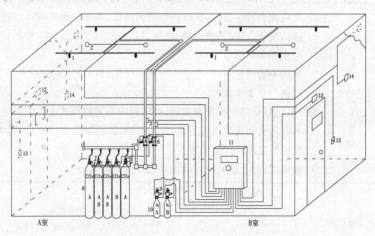

图 6.16　组合分配式的管网布置

3. IG-541 气体灭火系统控制盘的使用

气体灭火控制盘简称 RP 盘,安装于防护区门外侧,用于控制防护区内的气体灭火装置。

图 6.17 气体灭火控制盘

RP 盘下方有两个按钮,一个为红色按钮,是手动启动气体灭火装置用的启动按钮;另一个为绿色按钮,是手动停止气体灭火装置用的停止按钮。

RP 盘在使用时应注意以下事项:

(1)如果气体灭火系统已经开始喷气,则按下"停止"按钮也无法中止系统喷气。

(2)RP 盘面有易碎玻璃保护,紧急情况下可击碎玻璃操作"启动"和"停止"按钮。

(3)正常情况下,非 FAS 系统专业人员严禁操作 RP 盘。

(4)防护区内喷气时,严禁任何人进入防护区。

(5)防护区内喷气后,非 FAS 系统专业人员严禁进行开门、复位、检查等操作。

任务四 地铁火灾的应急处理

一、车站设备区的火灾应急处理程序

某地铁车站设备区(包括无气体保护房间)火灾应急处理程序如表6.3所示。

表6.3 车站设备区(包括无气体保护房间)火灾应急处理程序

站台岗	1. 接到执行火灾应急处理程序的通知后,立即组织站台乘客向站外疏散 2. 确认站台乘客疏散完毕后报车控室 3. 听从值班站长安排
车站值班员(行车)	1. 接收到火警信息后,立即通知值班站长、车站值班员(客运)到报警点确认 2. 确认发生火灾后,报行调、环调、119、地铁公安和120,根据情况向行调申请列车在本站通过 3. 现场不能控制时,广播通知所有岗位执行设备区火灾应急处理程序,并反复广播引导乘客疏散 4. 按压 AFC 和扶梯紧急按钮,将闸机设为紧急模式 5. 及时将火灾情况报告行调,并与行调、值班站长保持联系,确认保洁或保安人员到紧急出口外接消防人员 6. 撤退时,随身携带与行调联系的无线手持台

续表

值班站长	1. 接到火警通知后,立即携带相应房间钥匙等到现场,确认发生火灾后,担任现场指挥,宣布执行设备区火灾应急处理程序,组织灭火 2. 确认火灾不可控制时,关闭火灾房间的防火门,及时组织疏散乘客 3. 消防队到现场后,将有关信息通报给消防负责人后,视情况组织员工灭火或撤退;当撤退时负责确认所有站内人员的疏散完毕 4. 安排人员在出入口拦截乘客进站 5. 负责与各方的协调和沟通
车站值班员(客运)	1. 接到火警通知后,立即赶到现场,确认火灾不可控制时,立即赶到车控室,在BAS上确认相应的火灾模式开启(注意确认疏散指示开启,下同) 2. 确认所有闸机已设为紧急模式,按照环调的指示操作有关设备,确认车站值班员(行车)报警情况 3. 听从值班站长安排
站厅岗	1. 接到执行火灾应急处理程序的通知后,收好钱和票,关闭票亭电源,将闸机和边门打开,疏导乘客出站 2. 关闭电扶梯 3. 到出口拦截乘客进站并作好解释工作
售票岗	1. 接到执行火灾应急处理程序的通知后,收好钱和票,关闭票亭电源 2. 将闸机和边门打开,利用手提广播疏散乘客出站 3. 确认站厅乘客全部疏散出站后报车控室 4. 听从值班站长安排
保洁或保安	1. 接到执行火灾应急处理程序的通知后,到车控室拿"告示",到出入口进行张贴,并关停出入口扶梯 2. 等候消防队到来后,引导到现场灭火

二、车站站台公共区的火灾应急处理程序

某地铁车站站台公共区火灾应急处理程序如表6.4所示。

表6.4 车站站台公共区火灾应急处理程序

站台岗	1. 确认并报告车控室火灾位置、大小、火灾性质等,第一时间灭火 2. 确认火灾不可扑救后,立即向站厅疏散乘客,并关停站台扶梯 3. 确认站台乘客疏散完毕后报车控室 4. 听从值班站长安排
车站值班员(行车)	1. 接收到火警信息后,命令站台岗到报警点确认火警,并将情况报告值班站长 2. 确认发生火灾后,报行调、环调、119、地铁公安、120 3. 广播宣布执行站台火灾应急处理程序,并反复广播引导乘客疏散 4. 按压AFC和扶梯紧急按钮,将闸机设为紧急模式,关闭广告照明,确认相应的火灾模式已启动 5. 及时将乘客疏散和灭火情况报告行调,并与行调、值班站长保持联系

续表

岗位	处理程序
值班站长	1. 接到火警通知后,立即到站台确认 2. 确认发生火灾后通知车控室,宣布执行火灾应急处理程序,组织疏散乘客和灭火 3. 负责最后确认站台所有乘客已疏散完,及时将现场情况报车控室 4. 消防队到现场后,将有关信息通报给消防负责人后,视情况组织员工灭火或撤退;当撤退时负责确认所有站内人员的疏散完毕 5. 站厅安全时,到车控室指挥 6. 安排人员在出口拦截乘客进站
车站值班员(客运)	1. 接到执行火灾应急处理程序的通知后,赶到车控室,确认所有闸机已设为紧急模式,相应的通风排烟模式开启,广告照明已关闭,扶梯已关停 2. 完成步骤1后,拿手持台、手提广播到站厅组织乘客疏散 3. 接收到站台乘客疏散完的信息后,最后确认站厅乘客全部疏散出站后报车控室 4. 听从值班站长安排
站厅岗	1. 接到执行火灾应急处理程序的通知后,收好钱和票,关闭票亭电源,将闸机和边门打开,疏导乘客出站 2. 关停站台扶梯,到站台协助灭火 3. 灭火工作交给消防队员后,到出口拦截乘客进站
售票岗	1. 接到执行火灾应急处理程序的通知后,收好钱和票,关闭票亭电源,将闸机和边门打开,利用手提广播疏散乘客出站 2. 确认站厅乘客全部疏散出站后报车控室 3. 听从值班站长安排
保洁或保安	1. 接到执行火灾应急处理程序的通知后,到车控室拿"告示",到出入口进行张贴,并关停出入口扶梯 2. 等候消防队到来后,引导到现场灭火

三、列车在站台时的火灾应急处理程序

某地铁列车在站台火灾应急处理程序(包括列车区间火灾后运行到车站的情形)如表6.5所示。

表6.5 列车在站台火灾应急处理程序(包括列车区间火灾后运行到车站的情形)

岗位	处理程序
站台岗	1. 确认并报告车控室和司机火灾位置、大小、火灾性质等(初步判断),通知司机将该车扣在车站处理,关停站台扶梯 2. 第一时间用灭火器灭火,疏散电客车内乘客 3. 在火灾不可扑救后,停止扑救,疏散列车和站台的乘客出站 4. 检查确认电客车内及站台没有乘客遗留后报车控室 5. 听从值班站长安排

续表

岗位	职责
车站值班员(行车)	1. 接收到火警信息后,命令站台岗到报警点确认火警,并将情况报告值班站长 2. 确认发生火灾后,将列车扣在车站处理,报行调、119、地铁公安、120 3. 广播宣布执行列车站台火灾应急处理程序,并反复广播引导乘客疏散 4. 按压 AFC 和扶梯紧急按钮,将闸机设为紧急模式,关闭广告照明,确认相应的火灾模式已启动 5. 及时将乘客疏散和灭火情况报告行调,并与行调、值班站长保持联系 6. 当接到区间火灾列车正开往本站时,立即宣布执行列车站台火灾应急处理程序
值班站长	1. 接到火警通知后,立即到站台确认 2. 确认发生火灾后,通知车控室宣布执行列车站台火灾应急处理程序,组织疏散乘客和灭火;在使用水灭火前,要先确认有关设备已停电 3. 负责最后确认列车、站台乘客疏散完,报车控室 4. 消防队到现场后,将有关信息通报给消防负责人后,视情况组织员工灭火或撤退;当撤退时负责确认所有站内人员的疏散完毕 5. 站厅安全时,到车控室指挥 6. 安排人员在出口拦截乘客进站
车站值班员(客运)	1. 接到执行火灾应急处理程序的通知后,赶到车控室,确认所有闸机已设为紧急模式,相应的通风排烟模式开启,广告照明已关闭,扶梯已关停 2. 完成步骤 1 后,拿手持台、手提广播到站厅组织乘客疏散 3. 接收到列车、站台乘客疏散完的信息后,最后确认站厅乘客全部疏散出站后报车控室 4. 听从值班站长安排
站厅岗	1. 接到执行火灾应急处理程序的通知后,收好钱和票,关闭票亭电源,将闸机和边门打开,疏导乘客出站 2. 关停站台扶梯,到站台协助灭火 3. 灭火工作交给消防队员后,到出口拦截乘客进站
售票岗	1. 接到执行火灾应急处理程序的通知后,收好钱和票,关闭票亭电源,将闸机和边门打开,利用手提广播疏散乘客出站 2. 确认站厅乘客全部疏散出站后报车控室 3. 协助灭火
保洁或保安	1. 接到执行火灾应急处理程序的通知后,到车控室拿"告示",到出入口进行张贴,并关停出入口扶梯 2. 等候消防队到来后,引导到现场灭火

模 拟 实 训

1. IG-541 气体灭火系统模拟实训

【实训任务】

IG-541 气体灭火系统的操作。

【实训目的】

了解 IG-541 气体灭火系统设备及操作。

【实训要求】
(1)熟悉 IG-541 气体灭火系统的设备；
(2)熟悉 IG-541 气体灭火系统的开启和急停操作方法。
【实训环境】
具有 IG-541 气体灭火系统的理实一体化教室或仿真实训室，或真实的地铁车站。

2. 火灾自动报警系统车站级控制系统模拟实训

【实训任务】
火灾自动报警系统车站级控制系统的硬件设备及系统功能认知。
【实训目的】
了解火灾自动报警系统车站级控制系统的工作过程。
【实训要求】
(1)认知火灾自动报警系统车站级控制系统的硬件设备；
(2)了解火灾自动报警系统车站级控制系统和火灾自动报警系统中央级控制系统及车站就地级设备之间的协调工作过程。
【实训环境】
具有火灾自动报警系统车站级控制系统及车站就地级设备的理实一体化教室或真实的地铁车站。

复习思考题

1. 简述地铁火灾的特征。
2. 简述 FAS 系统的功能。
3. 简述 FAS 系统中央级、车站级以及就地级设备有哪些。
4. 简述车站站台公共区火灾应急处理程序。
5. 简述手提式干粉灭火器的使用范围、灭火原理及使用方法。

案 例 分 析

深圳市地铁龙岗线火灾自动报警系统(FAS)保证了地铁营运的可靠、安全,其遵照"预防为主,防消结合"的原则,符合深圳市公安消防部门有关规定要求。FAS 主要负责各站点火灾监视和报警,以及消防专用设备的监控。正常运营时监视火警,发生火灾时控制专用消防设备投入到救灾模式,能及时有效地收集灾害信息并综合处理这些信息,提高对消防设备日常管理与救灾调度工作的效率。

本系统主要设备采用火灾自动报警控制器、FAS 工作站、智能光电感烟/温探测器、消防警铃、手报等,都是国内外先进的 FAS 设备,如光电式感烟火灾探测器是利用烟雾粒子对光线产生散射、吸收的作用,从而将光信号送至接收极并发出报警信号,可靠性强。

本系统实行两级管理(中心级、车站级)和三级监控模式(中心级、车站级、设备现场就地级),报警控制器放置在自动化集成系统的控制室,而车辆段、运营管理综合楼、维修工务大楼、站厅、站台、设备机房、办公用房等都设置了智能点式探测器,站台板下电缆通道、电缆夹层设置了开关感温电缆;设自动报警的场所均设手动报警按钮(不带消防电话插孔)。有消防泵的车站,消火栓箱自带消防泵启泵按钮并附启泵指示灯。

（资料来源：http://hi.baidu.com/ntmvhtdlxvbhpud/item/ab8b8d1a7fc5bffa64eabf78）

【问题】
1. 阅读案例，讨论 FAS 的组成及功能。
2. 结合案例，讨论火灾自动报警系统的管理模式。
3. 防止火灾除了要设置 FAS 外，还应该考虑配置哪些设备？

项目七　环　控　系　统

学 习 目 标

1. 知识目标
(1) 了解环控系统的分类；
(2) 了解环控系统的功能；
(3) 掌握环控系统的组成；
(4) 掌握车站公共区火灾大系统排烟模式；
(5) 掌握隧道通风系统的组成及功能；
(6) 掌握水系统的工作原理；
(7) 掌握环控系统的控制模式。
2. 能力目标
(1) 能辨识环控系统的设备；
(2) 能运用环控系统的理论知识。

学 习 任 务

(1) 环控系统的认知；
(2) 车站通风空调系统的认知；
(3) 隧道通风系统的认知；
(4) 环控系统的控制；
(5) 环控系统节能的措施。

教 学 建 议

可在具有环控系统仿真系统的实训室开展"教、学、做"一体化教学；或者先进行理论教学，再到地铁车站由行车值班员、值班站长及控制中心由环控调度员结合现场设备进行教学。

任务一　环控系统的认知

地铁环控系统又称为地铁通风空调系统，它通过通风、空调等设备控制环境的空气温度、湿度、空气流速和空气品质等主要因素，在日常正常运营时给乘客和设备提供舒适及适宜的环境；在事故及灾害情况下进行通风、排烟、排毒、排热，起到生命保障及辅助灭火的作用。

一、地铁环控系统分类

根据城市轨道交通隧道通风换气的形式以及隧道与车站站台层的分隔关系，地铁环控系统可分为开式系统、闭式系统和屏蔽门系统。

1. 开式系统

隧道空气与周围空气的自由交换称之为开式系统，它通过机械通风或列车的"活塞效应"将空气由隧道中间通风井引入隧道内,当列车快要到达车站时打开排风减压井排出,车站通过站台底部排风系统排风。主要用于北方,我国采用该系统的有北京地铁1号线,如图7.1所示。

图 7.1　北京地铁 1 号线开式系统

2. 闭式系统

闭式系统是一种地下车站内空气与室外空气基本不相连通的方式,即城市轨道交通车站内所有与室外连通的通风井及风门均关闭,夏季车站内采用空调,仅通过风机从室外向车站提供所需空调最小新风量或空调全新风。区间隧道则借助于列车行驶时的活塞效应将车站空调风携带入区间,由此冷却区间隧道内温度,区间隧道内的空气温度较同样运行条件下的屏蔽门系统低,并在车站两端部设置迂回风通道,以满足闭式运行活塞风泄压要求。如图7.2所示。我国采用该种形式的有广州地铁1号线、上海地铁2号线、南京地铁1号线和哈尔滨地铁1号线等。

图 7.2　闭式系统

3. 屏蔽门系统

在车站站台与行车隧道之间安装一道带门的透明屏障所组成的一个系统简称屏蔽门系统,这道屏蔽门隔绝了行车隧道与车站站台的空气,导致列车从外部带来的热空气进入不了车站站台,减少站内空调的负荷运行,而列车通道的通风是由站台底部的排风系统通过隧道风井抽进新鲜室外空气,并且通过列车的活塞作用引起隧道空气与由站台底部排风系统吸进的室外空气进行交换以实现隧道的冷却来实现的。采用该系统的有香港新机场线、深圳各地下线、广州地铁2号线、广佛地铁、上海地铁除2号线外的各地下线、杭州地铁1号线、苏州地铁1号线、重庆地铁1号线、成都地铁1号线、长沙地铁1号线等。图7.3为苏州地铁1号线屏蔽门系统。

图7.3　苏州地铁1号线屏蔽门系统

二、环控系统的功能

(1) 当乘客往返于地面到车站至列车旅行时,为乘客提供过渡性安全、舒适环境;

(2) 当列车阻塞在区间隧道时,通风系统向阻塞区间提供通风,保证列车空调正常工作,维持列车车厢内乘客在短时间内能承受的环境条件;

(3) 在车站或区间隧道发生火灾时,通风系统进行有效排烟,向乘客和工作人员提供必要的新风和通风,使得乘客和工作人员能安全迅速疏散,为消防人员灭火创造条件;

(4) 满足地铁车站内管理用房及设备用房的温度、湿度要求,提供良好的工作环境和保证设备正常运行环境。

三、环控系统的组成

城市轨道交通环控系统的组成实际上与各车站功能区的划分密切相关,其中还必须兼顾到安全性考虑,如防排烟系统的设置问题。我国的车站环控系统一般采用屏蔽门式系统或闭式系统。以屏蔽门式系统为例,将车站环控系统分成两个独立大系统:车站通风空调系统和隧道通风系统;五个子系统:车站公共区通风空调系统、车站设备管理用房通风空调系统、空调水系统、区间活塞/机械通风系统及车站区间排热系统。如图7.4所示。

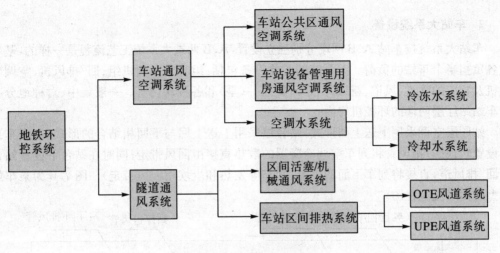

图 7.4 地铁环控系统组成

任务二 车站通风空调系统的认知

一、车站公共区通风空调系统

车站公共区通风空调系统简称车站大系统,包括车站公共区部分(站台、站厅、人行通道)的空调、通风(兼排烟)系统。图 7.5 为某地铁车站大系统原理图。

需要说明的是,地面车站、高架车站公共区域由于散热散湿条件好,因此无空调通风系统,只有车站设备管理用房通风空调系统。

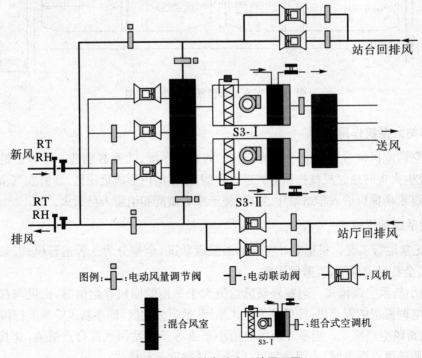

图 7.5 某地铁车站大系统原理图

2. 车站大系统设备

车站大系统按车站 A、B 两端分别独立设置，A、B 两端大系统工艺流程是一样的，基本上各负担半个车站的负荷。大系统的主要设备包括：组合式空调机组、回/排风机、空调新风机及相应的管道、风道、新风井（亭）、排风井（亭）和各种阀门等。一般集中、对称地分布于车站站厅层两端的环控机房内。

站厅层空调采用上送上回形式，站台层采用上送上回与下回相结合的形式（在列车顶部设置轨顶回/排风管将列车空调冷凝器的散热直接由回风带走；同时在站台下设置站台下回/排风道，直接将列车下面的电器、刹车等发热和尘埃用回风带走）。图 7.6 为某车站典型断面气流流程图。

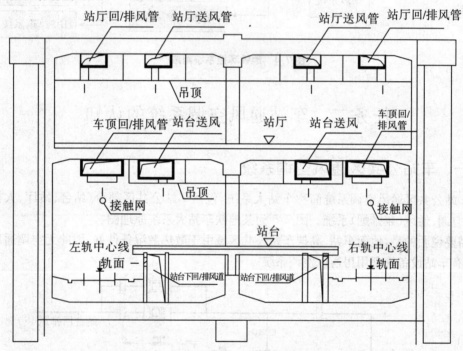

图 7.6　某车站典型断面气流流程图

2. 车站大系统作用

通过空调或机械通风来排除车站公共区的余热余湿，为乘客创造一个舒适的乘车环境，并在发生火灾时通过机械排风方式进行排烟，使车站内形成负压区，新鲜空气由外界通过人行通道或楼梯口进入车站站厅、站台，便于乘客撤离和消防人员灭火。

3. 大系统运行模式

（1）正常运行工况。根据室外空气的温湿度状况，全年分为三种运行模式：最小新风空调模式、全新风空调模式、通风模式。

① 最小新风空调模式。当室外新风焓值大于车站的回风点焓值时，回风与部分新风在组合式空调机组的混合段，经处理后送入站厅、站台公共区，即小新风空调运行模式。

② 全新风空调模式。当室外新风焓值小于或等于车站回风混合点焓值，且其干球温度大于空调送风点温度时，采用全新风，即全新风空调运行模式。

③ 通风模式。当室外新风的温度小于空调送风点的温度时,系统采用通风模式。公共区的空调机组风机、回/排风机根据负荷变化进行变频风量调节。

(2) 火灾事故运行工况。站厅火灾时开启站厅排烟系统排除烟气,由出入口自然补风;站台火灾时,开启站台排烟系统、轨行区排热风机排除烟气,由出入口自然补风。

4. 车站公共区火灾大系统排烟模式

(1) 站厅火灾排烟模式如图7.7所示。

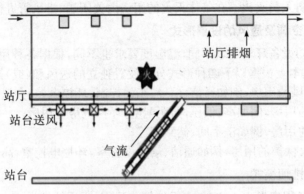

图7.7 站厅火灾排烟模式

站厅层发生火灾时,停止车站冷水系统;控制风管的相关风阀开/闭,向站台层送风,停止向站厅层送风,站厅层进入排烟状态,使得站厅层对地面、站台层形成负气压,阻止了烟雾向站台层蔓延,并形成了地面楼梯通道的逃生气流通道。

(2) 站台火灾排烟模式如图7.8所示。

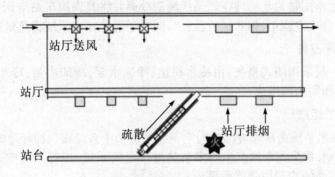

图7.8 站台火灾排烟模式

站台层发生火灾时,停止车站冷水系统;控制风管的相关风阀开/闭,向站厅层送风,停止向站台层送风,站台层进入排烟状态,使得站台层对站厅层形成负气压,阻止了烟雾向站台层蔓延,并形成了地面楼梯(扶梯)通道的逃生气流(风速不低于1.5 m/s)通道。

二、车站设备管理用房通风空调系统

车站设备管理用房通风空调系统简称车站小系统,包括车站管理用房及设备用房的空调、通风(兼排烟)系统。

1. 车站小系统设备

车站小系统设备一般位于车站站厅层两端的环控机房和小系统通风机房内,主要包括轴流风机、柜式、吊挂式空调机组及各种风阀。

2. 车站小系统作用

通过对各用房的温湿度等环境条件的控制,为管理、工作人员提供一个舒适的工作环境,为各种设备提供正常运行的环境。在火灾发生时,通过机械排风方式进行排烟,有利于工作人员撤离和消防人员灭火。在气体灭火的用房内关闭送、排风管进行密闭灭火。

3. 车站小系统空调及通风的设置形式

由于各种用房的设备环境要求不同,温湿度要求也不同,根据各种用房的不同要求,小系统的空调、通风基本上根据以下四种形式分别设置独立的送风和(或)排风系统:

(1) 需空调、通风的用房,例如通信、信号、车站控制、环控电控、会议等用房;

(2) 只需通风的用房,例如高、低压,照明配电,环控机房等用房;

(3) 只需排风的用房,例如洗手间、储藏间等;

(4) 需气体灭火保护的用房,例如通信、信号设备室,环控电控室,高低压室等。

4. 小系统火灾排烟模式

管理用房及设备用房发生火灾时,大系统停止运行,小系统按设定火灾模式运行,立即组织机械排烟或隔断火源和烟气;与火灾相邻的内通道,设有排烟系统的立即进行排烟;着火区所在端的内走道和车控室立即进行加压送风;气体保护房间执行气体保护模式。对用气体灭火的房间设排风及送风系统。

三、空调水系统

空调水系统的作用是为车站内空调系统制造冷源并将其供给车站空调大、小系统中的空气处理设备(组合式空调箱、柜式风机盘管),同时通过冷却水系统将热量送出车站。

1. 空调水系统设备

空调水系统一般采用闭式系统,由冷水机组、冷冻水泵、冷却水泵、冷却塔、膨胀水箱、水处理器、分水器和集水器组成。

2. 空调水系统组成

(1) 空调冷冻水系统由车站冷冻站为空调大系统和小系统提供循环冷冻水的系统;

(2) 空调冷却水系统将车站产生的多余热量带走的系统,冷却水吸收热量后,通过冷却水泵送到室外高处的冷却塔降温后循环。

3. 空调水系统的原理

空调水系统的原理如图7.9所示。

(1) 冷冻水循环原理。冷冻水释放热量给制冷剂变成有制冷效果的水,送到组合式空调机组以及风机盘管等设备内部,以冷却混合风,送到站台、站厅以及设备用房。

(2) 冷却水循环原理。冷却水吸收制冷剂的热量,失去冷却的功能后,被抽到车站上方的冷却塔中进行冷却,冷却完成后循环工作。

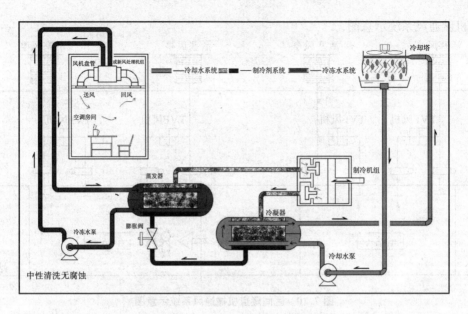

图 7.9 空调水系统的原理图

4. 空调水系统运行模式

(1) 正常运行工况。正常工况下,车站冷冻水系统为车站末端环控设备提供冷冻水,当末端负荷变化时,通过主机群控系统控制分集水器之间的压差旁通阀,来控制冷冻水流量以适应外界环节热负荷的变化。

(2) 火灾工况。当车站任何一个地方发生火灾时,关闭车站空调所有水系统。

任务三 隧道通风系统的认知

隧道通风系统由车站区间排热系统和区间隧道通风系统组成。车站区间排热系统的排风设备一般布置在车站两端的设备房区内,气流组织方式采用轨顶和站台下排风,在车站隧道停车所在区域的轨顶以及有效站台下设置土建式排风道,排风口的位置根据列车发热设备的位置确定,补风来自车站两端的活塞风井、相邻区间隧道和屏蔽门开启时的漏风。区间隧道通风系统主要负责两个车站间区间隧道的通风与排烟,包括自然通风与机械通风两种方式。在车站隧道的出站端,设置了一条直通地面的活塞风道,正常运行时,只通过列车行驶产生的活塞效应,通过活塞风道实现隧道与地面的换气,即自然通风。

一、隧道通风系统的组成

1. 区间隧道活塞风系统

利用列车在区间隧道运行时对隧道内空气的前压后吸活塞效应来进行通风换气,区间隧道的降温和区间列车新风必须依靠活塞风井进行换气。

2. 区间隧道机械通风系统

在某些情况下需要对区间隧道进行强制通风时必须采用隧道机械通风系统,通常在车站两端活塞风道内设置隧道风机,以便区间冷却、事故和火灾通风时运行。图 7.10 为区间隧道机械通风系统示意图。

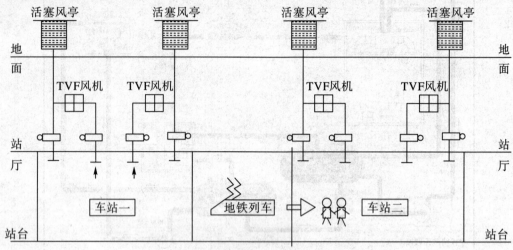

图 7.10　区间隧道机械通风系统示意图

3. 车站区间排热系统

为了将列车产热及时排至地面,在车站区间设置排热系统,由排热风机、车轨上部排热风道和站台下部排热风道组成。车轨上部排热风道上设置成组风口,正对列车空调冷凝器;站台下部排热风道上设置成组风口,正对列车刹车制动装置,将列车停站时散发的热量直接排至地面。图 7.11 为车站区间排热系统示意图。

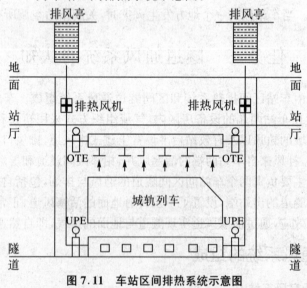

图 7.11　车站区间排热系统示意图

二、隧道通风系统的设备

1. 区间隧道机械/活塞通风系统

区间隧道机械/活塞风系统的主要设备有隧道风机、推力风机、射流风机、相关的电动风阀、中间风井及风亭等。

2. 车站区间排热系统

车站区间排热系统的主要设备有排热风道、排热风机、OTE 风机、UPE 风机及防火阀等。

三、隧道通风系统运行工况

区间隧道的运行主要有正常运行、堵塞运行和事故通风运行等三种工况。

1. 正常运行

当列车正常运行时,利用列车在隧道内高速运动产生的活塞效应从车站一端风井引入新风,经过区间隧道由下一站风井排风。列车停靠车站时列车下部的制动发热量和顶部的空调冷凝发热量由站台排热通风系统进行排放。

2. 堵塞运行

堵塞运行是当列车因故滞留在区间隧道时,为使列车空调器正常运转,关闭列车后方事故机房内的旁通风门,事故风机区间隧道送入新风,前方站事故风机将区间隧道内的空气排至地面。区间内的气流方向应与列车的行进方向保持一致。

3. 事故通风

当列车在区间隧道内发生火灾时,区间隧道一端的事故风机向火灾区间送风,另一端事故风机将烟雾经风井排至地面。控制中心确认火灾后,根据事故列车在区间隧道内的位置、列车内事故的位置和火灾源距安全通道的距离等决定通风方向,以利于乘客安全疏散。乘客的疏散方向必须与气流的方向相反,使疏散区处于新风区。

四、列车火灾的处理

1. 列车在车站轨道内发生火灾

环控运行模式按站台火灾进行处理。环控调度员应立即在工作站上手动执行大系统站台火灾模式,小系统执行全停模式。环控调度员应立即在工作站上手动执行隧道通风系统车站隧道火灾模式。

2. 列车在区间隧道发生火灾

一旦列车发生火灾并停在区间时,环控调度员的操作必须配合行车组织进行,不能单独完成。列车发生火灾时的五种情况如下:

(1) 列车中部着火且停在近前方站,如图 7.12 所示。

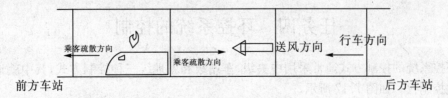

图 7.12 列车中部着火且停在近前方站

列车头部着火且停在区间任意位置,如图 7.13 所示。

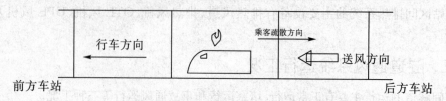

图 7.13　列车头部着火且停在区间任意位置

列车中部着火且停在区间中部,如图 7.14 所示。

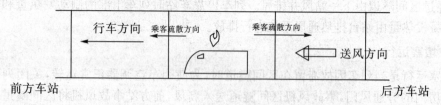

图 7.14　列车中部着火且停在区间中部

列车尾部着火且停在区间任意位置,如图 7.15 所示。

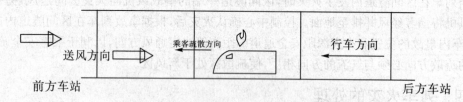

图 7.15　列车尾部着火且停在区间任意位置

列车中部着火且停在近后方车站,如图 7.16 所示。

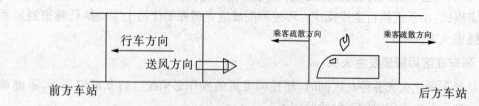

图 7.16　列车中部着火且停在近后方车站

任务四　环控系统的控制

环控系统的控制方式通常采用中央级、车站级和就地级三种控制方式,其中就地级具有最优控制权。如图 7.17 所示。

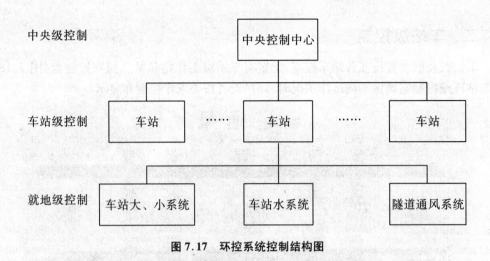

图 7.17　环控系统控制结构图

一、中央级控制

控制中心将控制中心工作站与全线隧道通风系统工作站、车站环控系统工作站联网。对各车站和相关区间隧道的环控系统进行监控,使其统一协调地运行。

1．中央级环控系统的组成

（1）监控工作站：采用两台互为备份的监控主机,用于调度人员的日常控制、监视和调度管理工作；

（2）维护计算机：用于系统软件的维护、组态、运行参数的定义,系统数据库的形成和用户操作画面的修改、增加等；

（3）网络服务器：采用热备结构,用于控制中心监控系统整个网络的管理、数据存储与处理,并提供共享资源；

（4）路由器或其他：用于和通信主干网连接；

（5）打印机：用于事件和报表打印；

（6）模拟屏：用于显示区间和车站隧道通风系统设备的运行状态和报警信息。

2．中央级控制功能

（1）正常运行模式。

以通信方式向各车站环控控制室下达车站及区间隧道环控系统运行方案指令,并接收各车站环控控制室反馈的设备运行信号,显示各地下车站环控系统设备及风门工作状态；

遥测室外温湿度、回风状态点和空调箱表冷器出风温度,作数据处理后决定运行工况；

控制各车站公共区环控系统设备的开关。

（2）阻塞运行工况。

一接到列车阻塞信号,即将相关区段转入阻塞运行模式,直接控制和显示阻塞区间前后方车站近端 TVF 风机、射流风机和相关风门的开关。

（3）火灾运行模式。

一旦接到火灾事故信号,确认火灾地点、列车火灾部位,然后选择火灾工况环控系统运作方案,直接控制和显示火灾区间相邻车站 TVF 风机、射流风机、UPE/OTE 风机、回排风机和相关风门的开关,并指示乘客疏散方向。

二、车站级控制

车站级控制装置设在各站车控室,配置有车站级工作站和紧急控制控制盘(图 7.18)。各车站环控控制室确保不同运作工况时,环控设备按要求作控制和显示。

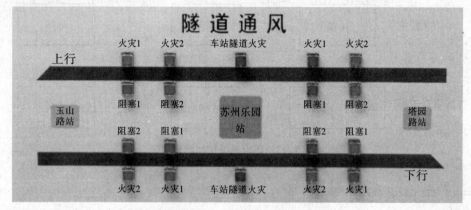

图 7.18 环控系统 IBP 盘控制

1. 车站级环控系统的组成

(1) 车站环控主机:负责一切正常及事故情况下对车站各系统设备运行的监控管理;
(2) 打印机:进行操作记录、事故记录、测量数据事件和报表的打印;
(3) 网关:与 FAS 系统相连。

2. 车站级控制功能

(1) 正常运行模式。

接收控制中心通信指令,对本车站的所有环控设备进行监控,显示其运作状态,并向中控室反馈环控设备运作状态。

(2) 阻塞运行模式。

保持对本车站环控系统的运作工况进行监控,并向中控室反馈 TVF 风机、射流风机及相关风门的开关状态。

(3) 火灾运行模式。

若火灾发生在本车站的站台层或站厅层,则按车站火灾运行模式控制车站环控系统,并将信息反馈至中控室。若火灾发生在设备管理用房,则将相关的设备管理用房环控系统转换为火灾运行模式,并将信息反馈至中控室。

三、就地级控制

在各种环控设备电源控制柜处操作,供设备安装、调试、检修时现场使用。为确保安全,就地控制具有优先权,即就地控制时,发信号给车站控制室及中控室,则中央级控制和车站级控制失效;就地控制结束后,反馈信号给车站环控控制室和中控室,恢复其正常功能。

图 7.19 为地铁站环控设备房控制箱,图 7.20 为组合式空调机组就地控制盘。

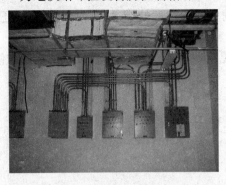

图 7.19　地铁站环控设备房控制箱　　图 7.20　组合式空调机组就地控制盘

任务五　环控系统节能的措施

地铁环控系统负荷主要来源于:活塞风带入的列车在运行过程中产生的热量,列车在车站内启动、制动产生的热量,站内人员散热,站外空气入侵的热量以及站内电气系统散热等。其中列车散热约占 60%,人员散热约占 20%。有资料显示:通常环控系统的造价约占整个地铁总造价的 8%~10%,而地铁电力能耗中空调系统电耗占总电耗的 40%~50%。如广州地铁 1 号线,环控系统电耗约占整个地铁电耗的 60%。

节能措施主要有:

(1) 风阀控制新风量节能。

根据某城市地铁的有关数据,客流量一般在一天的早上 6:30~8:30 和下午 5:00~7:00 期间,即上下班高峰期最大均超过全天平均流量的 50%,尤其是在早上 7:30 时达到最大值,所以控制环控系统夏季的新风量使其适应客流量的变化可以达到节能的目的。就目前的运行模式看,新风量由新风风机提供是固定的,而空调设备的装机容量是按远期最大小时客流量配备的,由于每小时的客流量都在变化,若按装机容量运行势必造成能源的浪费。因此在新风的控制方面就需要通过风阀的开启程度来控制。

(2) 变频调速控制节能。

变频调速控制技术在负荷变化和电机频繁启动的情况下采用,不仅能大量节省能源而且对设备的运行工况也有极大的改善。对于地铁环控系统,主要考虑组合式空调箱和回/排风机的变频调速。

(3) 冰蓄冷空调系统。

在保证正常功能需求的情况下,通过调整空调运行时间,均衡电力负荷,降低能耗,实现节能:负荷低峰制冰蓄能,负荷高峰化冰释冷。

(4) 集中制冷供冷技术。

集中制冷站统一生产冷冻水供给多个车站,满足各个车站空气调节需要。

(5) 空气幕系统。

夏季和冬季车站出入口,可适当加设空气幕,隔离车站内外空气,降低空调系统负荷,实现节能。

(6) 自动化运行管理。

运行管理的自动化不仅可以保证空调房间温湿度的要求,节约人力物力,还是节约空调系统能耗的重要环节。

(7) 对既有节能措施及系统的维护、更新,及对既有地铁环控设备的定期维修、更新都可以实现环控系统的节能。

模 拟 实 训

环控系统车站级控制系统模拟实训

【实训任务】

环控系统车站级控制系统的硬件设备及系统功能认知。

【实训目的】

了解环控系统车站级控制系统的工作过程。

【实训要求】

(1) 认知环控系统车站级控制系统的硬件设备;

(2) 了解环控系统车站级控制系统和环控系统中央级控制系统及车站环控系统就地级控制之间的协调工作过程。

【实训环境】

具有环控系统车站级控制系统的理实一体化教室或真实的地铁车站。

复习思考题

1. 简述环控系统的功能。
2. 简述环控系统的组成。
3. 简述车站公共区火灾大系统排烟模式。
4. 简述车站水系统的工作原理。
5. 简述隧道通风系统的组成及其作用。
6. 简述环控系统中央级、车站级以及就地级的功能。

案 例 分 析

北京地铁5号线南起丰台宋家庄站,经天坛、崇文门、东单等站,北至昌平太平庄北站,线路全长约27 km,其中地下线约17 km。全线共设有22个车站,其中16座地下站,6座地上站,一个车辆段、一个停车场和一个指挥中心。地铁工程中地下车站及区间除车站出入口、风亭及地下线路两端隧道洞口外,基本与大气隔绝。通风空调系统的任务是对地下车站及区间隧道内的温度、湿度、风速、事故工况排烟等进行全面控制。车站两端分别设置新风井及排风井各一座,风井面积因通风量而异。

北京地铁5号线工程空调通风系统制式采用闭式系统,开/闭式运行。空调通风系统由以下四部分组成:车站公共区空调通风/区间通风系统(大系统)、设备管理用房空调通风系统(小系统)、空调水系统(水系统)和其他区间通风系统(中间风井、洞口空气幕及射流风机)。

隧道通风系统中车站的公共区夏季采用空调控制,其余季节通风换气。车站公共区空调通风机与置于车站的区间隧道风机合二为一,即车站空调通风兼顾区间隧道风机的功能,采用变频控制,工况不同时,风量不同,从而实现节能运行的目的。

地铁运营正常时,通风空调设备排除余热和余湿,为乘客创造一个往返于地面至列车内过渡性舒适环境。隧道通风机通过送/回风管对站公共区进行通风换气。当区间夜间通风和区间隧道阻塞时,通过控制组合风阀转换开关实现对区间的通风换气。风机根据运行模式的要求进行正转或反转运行,以达到向车站和区间隧道送风、排风的目的。同时,该风机兼顾车站机区间火灾事故通风,通风空调设备具有排烟功能,可以为乘客和消防人员提供必要的新风量,形成一定的迎面风速,诱导乘客安全撤离。

【问题】
1. 结合案例,讨论分析环控系统的组成及功能。
2. 结合实际,讨论空调通风系统在地铁运营中的重要意义。

模块四 监控设备

项目八 环境与设备监控系统

学习目标

1. 知识目标
(1) 了解 BAS 系统的构成；
(2) 了解 BAS 系统的监控内容；
(3) 掌握 BAS 系统的功能；
(4) 掌握 BAS 系统的运行管理。
2. 能力目标
能利用 BAS 系统操作界面对空调、给排水等系统进行系统级控制。

学习任务

(1) 环境与设备监控系统的认知；
(2) BAS 系统的监控内容；
(3) BAS 系统的运行管理。

教学建议

可在具有 BAS 仿真系统的实训室开展"教、学、做"一体化教学；或者先进行理论教学，再到地铁车站由行车值班员、值班站长及控制中心由环控调度员结合现场设备进行教学。

任务一 环境与设备监控系统的认知

在城市轨道交通机电设备各系统智能控制的基础上，通过接口硬件和软件的开发，许多专业设备已纳入到综合监控范围内，如电梯、扶梯、环控设备、给排水设备通过对其智能接口的开发，已实现了设备的远程监视、控制及智能化管理功能。

在前期的城市轨道交通设备中，各系统是分立的，每一系统均有自己的网络、网络传输、工作站和软件。而系统集成即是在各分立系统的基础上发展起来的，利用统一的网络资源、统一的计算机硬件及软件平台，达到系统联动、方便管理、节省工程投资的目的。在地铁设备中，从技术的角度来说，可以纳入集成系统的专业很多，如设备监控系统、防灾报警系统、电力监控系统、车站广播系统、闭路电视监控系统、屏蔽门系统、自动售检票系统、时钟系统、信号系统、乘客资讯系统等。但目前国内地铁行业集成系统纳入的专业比较少。

深圳地铁一期工程采用设备监控系统(BAS)、防灾报警系统(FAS)、电力监控系统(SCADA)"三合一"的集成系统,2004年年底投入使用。广州地铁3号线采用主控系统,把设备监控系统(BAS)、防灾报警系统(FAS)、电力监控系统(SCADA)、屏蔽门系统、防淹门系统纳入集成系统,同时互联了广播系统、闭路电视系统、车载信息系统、车站信息系统、自动售检票系统、信号系统、时钟系统。北京城轨交通13号线虽然只有一个地下站,但它是国内地铁行业最早采用集成系统的工程,其集成系统是在电力SCADA系统平台的基础上,纳入机电设备监控系统(BAS)和防灾报警系统(FAS)。

国外发达国家地铁自动化已发展到较为成熟的水平,其综合自动化监控系统有的把主系统和辅助系统分开集成,有的全部集成在一起,目前开始向建立多条线路集中监控系统方向发展。

一、环境与设备监控系统概念

环境与设备监控系统简称BAS(Building Automation System),是对轨道交通各车站暖通空调系统设备、给排水系统设备、电梯系统设备、低压配电与动力照明系统设备等车站机电设备进行全面、有效的自动化监控及管理,进行程序自动、实时、定时、现场就地监视设备运行状态,控制开启和关停,检测环境参数,调控环境舒适度及节能管理,采集、处理有关信息,进行历史资料档案和设备维修管理,确保设备处于安全、可靠、高效、节能的最佳运行状态,从而提供一个舒适的乘车环境,并能在列车阻塞事故状态下,更好地协调车站设备的运行,充分发挥各种设备应有的作用,保证乘客的安全和设备的正常运行。

BAS系统有两种存在形式:当线路不设综合监控系统时,作为独立的系统出现;当线路设置综合监控系统(ISCS)时,作为ISCS的集成子系统形式出现。

二、BAS系统构成

BAS系统实行两级管理三级控制,设控制中心和车站两级管理,控制中心为主控级,车站为分控级。控制结构为控制中心、车站、就地三级控制。车站管理级的监控设备设置于车站控制室,控制中心管理级的监控设备设置于控制中心的中央控制室。

BAS网络构成:中央级BAS系统构成、车站级BAS系统构成、就地级BAS系统构成。

1. 中央级BAS系统

系统中央级设于控制中心的中央控制室,主要由中央级局域网络组成,网络内包括主备监控工作站、主备服务器、档案管理计算机、打印机服务器、通信转换接口、打印机、大屏幕显示系统等设备。BAS中央级监控系统设备在集成系统中也可作为其他系统的设备来使用。

2. 车站级BAS系统

系统车站级设于车控室内,主要由计算机主机、显示器、打印机、网络TAP、控制器接口、消防报警接口等组成车站工作站。车站控制系统通过网络接口设备向上与中央级BAS连接。

3. 就地级BAS系统

就地级现场控制器一般集中于环控电控室,部分分散设置于现场被监控设备的附近。

三、BAS 系统功能

1. 中央级 BAS 功能

（1）管理隧道通风系统运行模式并对信号系统的阻塞信号做出联动、对隧道火灾进行模式联动；

（2）车站及隧道正常运行工况模式时间表的编辑下发功能；

（3）各车站通风空调系统温（湿）度调节目标参数的设定；

（4）对全线车站的各系统运行工况的监视；

（5）接收并存储各车站的设备运行状态、故障信息、运行时间累计等数据，生成报告作为设备维护和运营管理部门进行设备检修、主备切换的依据。

除以上的功能外还具有设备、模式控制功能，设备、模式状态监视功能，报警信息查阅功能，系统状态监视功能等各车站亦需具有的功能。监控主要环控设备运行状态和各站环境工况；当中央级 BAS 有选择地调用某个车站的数据时，采用问答方式，中央级下达含有节点地址、数据类型等调用指令的查询报文，相关车站的 BAS 子系统即予以响应，按指令要求上送含有相关数据信息的回答报文。

2. 车站级 BAS 功能

（1）车站级 BAS 系统具有数据采集与处理功能，控制器可收集到相关监控设备的状态并在人机界面上显示。当系统初次启动、更新及将监控点值储存时，控制器可以接收来自 OCC 监控工作站、车控室监控工作站或其他控制系统的信息，并传输监控点信息到车站 BAS 工程师站及上传监控点信息到综合监控系统；

（2）车站级的 BAS 系统在初次启动或重新冷启动后，具备自动恢复与 OCC 工作站、车站工作站及其他被监控系统的通信自恢复能力，保证信息的接收或上传；

（3）显示本站的设备状态，并可以发出控制指令；

（4）接收并存储本站设备状态、环境状态等信息数据；

（5）对本站设备、环境状态数据进行分析处理，得到当前的合理运行模式和相关参数，并向本站各 PLC 控制器发出模式指令和参数；

（6）接收 OCC 控制指令，并指挥 PLC 控制器执行；

（7）接收车站 FAS 控制器的火灾信号，根据预定方案向本站各 PLC 控制器发出相应的运行模式指令。

3. 就地级 BAS 功能

就地级相对集中于环控电控室、车站的重要房间（水泵房、冷水机房等）及公共区等地。它可实现对所监控设备的直接控制，并传送设备的运行状态及故障信息给车站工作站，执行车站级发出的指令。

任务二　BAS 系统的监控内容

（1）空调通风系统应具有以下监控功能：

① 空调机组的启停控制；风机状态显示；过载报警；过滤网状态显示及报警；就地/遥

控指示;新、送、混、回风温度检测;新、送、混、回风湿度检测;空调机冷冻水流量调节;对变速风机进行变风量控制;接收 FAS 系统的指令,对风机联动控制;风机、风阀、调节阀之间的连锁控制及风阀的状态显示。

② 隧道风机的启停控制;正反转控制;风机状态显示;过载报警;就地/遥控指示;接收 FAS 系统的指令,对隧道风机联动控制。

③ 送排风机的启停控制;风机状态显示;过载报警;送风温度、湿度检测;排风温度、湿度检测;就地/遥控指示;接收 FAS 系统的指令,对送排风机联动控制。

(2) 空调制冷冷水系统应具有以下监控功能:

① 冷水机组的启停控制;运行状态显示;过载报警;就地/遥控指示;冷冻水进出口温度、压力检测;冷却水进出口温度、压力检测;运行时间和启停次数记录。

② 冷冻水系统的冷冻水泵启停控制及状态显示;冷冻水泵过载报警;水路电动阀开启、关断控制及状态显示;冷冻水旁通阀压差控制;冷冻水泵、电动蝶阀就地/遥控显示;水流量测量及冷量记录;分、集水温度、流量测量。

③ 冷却水系统的冷却水泵启停控制及状态显示;冷却塔风机启停控制及状态显示;冷却水泵、冷却塔风机过载报警;水路电动阀开启、关断控制及状态显示;冷却水泵、电动蝶阀就地/遥控显示。

④ 制冷系统的控制系统应预留数据通信接口,以获取冷水机组和水系统的有关参数。

(3) 对正常照明系统应能定时和实时控制其开、关状态,并接收其运行的反馈信号。

(4) 对给排水系统应具有以下监控功能:

水泵启停控制;水泵运行状态显示;水泵故障报警;水位显示及危险水位报警;水泵运行时间统计,主、备泵运行切换控制;车站用水量记录。

(5) 防淹门系统和兼顾民防系统应具有以下监控功能:

显示防淹门、防护隔断门、防护密闭门、密闭门的开/关状态;接收防淹门、防护隔断门、防护密闭门、密闭门的故障报警信号,并将报警信号送 FAS 系统。

(6) 对自动扶梯,BAS 应对其进行控制,并具有运行状态显示和故障报警功能。

(7) 对屏蔽门系统,BAS 应具有运行状态显示和故障报警,在火灾等紧急情况下,应手动进行控制。

任务三 BAS 系统的运行管理

一、BAS 系统操作

BAS 系统属于应用级操作系统,配置交互性操作界面,根据相应提示菜单即可完成操作。BAS 系统必须由专业人员(OCC 为环控调度员,车站控制室为行车值班员、维保人员)进行操作,操作时必须严格按相关规程执行。操作人员必须使用专用钥匙对设备进行操作,操作完毕后应将钥匙交由行车值班员保管,不得留在开关上,除指定操作、维修人员之外,不得借出。操作人员接班时应了解上一班设备运行情况,每日必须填写设备运行情况记录。发现不安全因素时,应立即关停设备,并通知维修人员。设备故障或维修时必须在施工地点放置警示牌或护栏。应爱护 BAS 设备,保持清洁,为设备正常运转创造良好环境。

对于 BAS 所监控的各个系统设备,站务人员如果需要进行操作,必须得到环调人员的授权。在对大、小空调系统,隧道通风系统,空调冷冻、冷却水系统进行开、关操作时,必须注意相关设备之间的启动顺序和连锁关系:先开风阀(水阀),后开风机(水泵);风阀(水阀)不开,风机(水泵)不开;冷水机组最后开,最先关;就地操作时连锁关系失效。通过打开相应的风阀,使风(水)道形成完整、通畅的进、出通道,再打开风机(水泵)。

二、运行管理有关人员职责

1. 环控调度对机电设备监控系统的运营管理

环调负责对相关城市轨道交通线路辖下的车站及隧道环境的控制和调度,控制指挥环控设备按运营需要合理运作,以保证城市轨道交通环境的舒适性。环调还负责对城市轨道交通突发事件进行反应,调度城市轨道交通相关防灾设备执行灾害模式。环调是机电设备监控系统以及 FAS 系统中央级的使用者,通过机电设备监控系统中央级工作站对全线车站及区间隧道内设备的运行状态、故障情况以及机电设备监控系统自动运行情况进行监视,控制全线环控设备动作。

(1) 主要职责:

① 环调人员对全线环控系统进行调度控制,保证城市轨道交通环境的舒适性;

② 监视并及时调整环控设备及其他车站设备的运行状态,出现故障及时报告维修调度;

③ 通过 FAS 系统中央级发现火灾报警、指挥执行火警处理程序,通过机电设备监控系统中央级工作站或下令车站人员执行相应环控灾害模式;

④ 授权车站站务人员通过机电设备监控系统对设备进行操控;

⑤ 对机电设备监控系统中央级设备进行设备表面清洁等日常保养工作。

(2) 基本要求:

① 必须熟悉机电设备监控系统操作方法,熟练掌握环控工艺模式;

② 理解机电设备监控系统软件控制原则,处理简单操作上的问题;

③ 熟练掌握火灾处理程序,组织相应的火灾模式。

2. 站务人员对机电设备监控系统的运营管理

车站站务人员负责本站辖内的车站设备的操作,车站站务人员是机电设备监控系统车站级的使用者,通过机电设备监控系统车站级工作站对本站所辖设备的运行状态、故障情况以及机电设备监控系统自动运行情况进行监视,接收环调指令,控制车站内设备动作,并对设备执行情况进行确认。

(1) 主要职责:

① 监视本站环控设备及其他车站设备的运行状态,通过工作站定时对设备进行巡视,出现异常时通知环境调度,同时报告设备故障给维修(设备)调度;

② 通过 FAS 系统车站级发现火灾报警并现场确认,执行火警处理程序,在环调指挥下,通过机电设备监控系统工作站或车站模拟屏执行相应环控防灾模式;

③ 在机电设备监控系统故障情况下,在环控电控房对设备进行操控;

④ 对机电设备监控系统中央级设备进行设备表面清洁等日常保养工作。

(2) 基本要求：

① 必须熟悉机电设备监控系统操作方法，包括工作站和模拟屏，熟练掌握环控工艺模式；

② 必须熟悉车站设备现场操作方法，理解基本环控工艺模式；

③ 熟练掌握本站火灾处理程序，组织相应的火灾模式。

三、BAS 系统的维护

BAS 系统的维修管理部门为地铁运营公司的机电自动化设备中心，在日常的设备管理中，采取不同的检修周期以确保系统的正常运行。一般的检修周期主要有日巡检、周巡检、月检、季检、半年检、年检，不同的检修周期针对不同的设备部件进行检查。检修周期及工作内容可根据系统实际使用情况进行调整。维保人员检修保养前须到 BAS 系统使用管理部门了解设备的运行情况，并进行施工登记和钥匙借用登记，领取设备室及控制柜钥匙。检修作业完成后须到使用管理部门登记归还钥匙，填写工作记录，双方责任人签字。

模 拟 实 训

BAS 系统模拟实训

【实训任务】

BAS 系统操作界面使用方法。

【实训目的】

掌握 BAS 系统操作界面的使用方法。

【实训要求】

(1) 熟悉 BAS 系统操作界面的结构；

(2) 熟悉 BAS 系统操作界面的使用方法。

【实训环境】

具有 BAS 系统的仿真实训室或地铁车站车控室。

复习思考题

1. 简述 BAS 系统的构成。
2. 简述 BAS 系统中央级、车站级及就地级的功能。
3. 简述环控调度员的主要职责。

案 例 分 析

南京地铁 1 号线 BAS 系统是将现代计算机及网络技术与机电设备自动化控制原理相结合，以专门的地铁环境通风空调及防灾处理等理论为基础，利用分布式微机监控系统对地铁车站及区间隧道内的空调通风、给排水、照明、电梯、自动扶梯、导向标识等机电设备进行全面的运行管理与控制，在发生火灾或列车阻塞等事故情况时，能够及时、迅速地进入防灾运行模式，根据火灾报警系统发送的着火点信息或列车自动控制系统发送的阻塞点信息自动调度送风和排风，进行通风排烟，引导人员疏散，极大地提高了地铁运营的智能化和安全性。系统以节能为特色，综合考虑列车、客流、车站设备、通风等影响空调通风系统负荷的各种因素,根据地铁热环境变化的规律,对空调通风系统的全年运行方式自动进行调整,不仅可以保障地铁车站机电系统设备的安全可靠运行,创造安全、舒适、高效的乘车环境,而且能降低空调通风系统的运行能耗,减少地铁运营成本。

南京地铁1号线BAS系统采用多层网络结构:第一层是有效的最低层,包括装置感应器、执行机构和照明控制系统,使用现场网络连接所有的现场设备。第二层是操作站和分站(即具体应用控制器或自动化站/设备)之间的自动化网络,即车站MV系统。第三层是管理层及其广域网络,即中央控制中心(OCC)及地铁公共传输网。

中央控制中心(OCC)为星形网络结构,采用TCP/IP协议。车站为Control NET光纤环网,实时数据通信。车站与OCC之间的通信依托地铁公共传输网。珠江路地铁控制中心OCC为整个地铁1号线的控制中心,用来对整个地铁1号线16个站的全部机电设备运行状况进行集中监控和管理。

车站MU系统为每个车站站长室监控级,是用来对本车站范围内的机电系统设备运行状况进行监控。南京地铁1号线各车站建筑设备监控系统监控点数均在651~2 500之间,为较大型系统。

(资料来源:臧正保,张慧萍.南京地铁1号线BAS系统[J].山东农业大学学报,2005(3).)

【问题】
1. 结合案例,讨论BAS系统的监控内容。
2. 结合案例,讨论BAS系统的组成及功能。

项目九　综合监控系统

学习目标

1. 知识目标
(1) 了解 ISCS 系统的组成；
(2) 了解 ISCS 系统的监控对象；
(3) 掌握 ISCS 系统的功能；
(4) 掌握 ISCS 系统的运行管理。
2. 能力目标
能利用 ISCS 系统操作界面对各监控子系统进行系统级控制。

学习任务

1. 综合监控系统的认知；
2. 综合监控系统的运营管理。

教学建议

可在具有 ISCS 仿真系统的实训室开展"教、学、做"一体化教学；或者先进行理论教学，再到地铁车站由行车值班员、值班站长及控制中心由环控调度员结合现场设备进行教学。

任务一　综合监控系统的认知

以往国内地铁各机电系统一般是分立设置、独立管理的，各专业单独设立本系统内部的监控系统，用以监控设备的运行，存在系统资源共享困难、不利于维护管理等缺点。随着科学技术的进步和计算机集成技术的发展，通过统一平台将多个地铁机电系统进行集成的设想成为了可能。在当前国内城市轨道交通大规模建设时期，越来越多的地铁线路开始考虑和实施综合监控系统。广州地铁借鉴国外成功的系统集成经验，率先在国内地铁项目引入综合集成的技术，从广州地铁 3 号线开始新增主控系统（即综合监控系统）。通过综合监控系统统一的软硬件平台，实现资源共享、互联互通、设备集中管理和维护，以及对子系统故障的监测，并为紧急情况下事件的处理提供全面而及时的信息和控制能力，提高地铁整体运营调度管理水平。

随着广州地铁综合集成技术的成功引入，国内其他城市轨道交通同行（深圳地铁、南京地铁、昆明地铁、苏州地铁、郑州地铁及成都地铁等）也积极响应，纷纷打破以往各监控系统分立的建设模式，在各地城市轨道交通的新线建设项目中增设综合监控系统。综观全国，综合监控集成技术已遍地开花，构建综合监控信息共享平台已成为国内地铁自动化技术发展的方向，已成为实现地铁行业管理科学化和信息化的一项重要措施。

一、综合监控系统的概念

地铁自动化系统传统上由许多分立的系统组成，包括电力监控系统、环境与设备监控系统、门禁系统、火灾自动报警系统、信号系统、自动售检票系统、屏蔽门系统、闭路电视监控系统、广播系统、无线系统、时钟系统、乘客信息系统。这些分立的系统在控制中心(OCC)都有本专业的服务器、操作站及外用设备,都有自己的不同结构的通信网络,采用的是各不相同的监控软件;在车站也有本专业的监控网络及监控站,各自监控着不同种类的设备。

目前分立系统在实际运营中存在的主要问题有:各子系统的人机界面(图形风格、设备监控操作方式、报警管理、实时历史数据管理等)由于子系统的分别建设而不同,采用的UPS、服务器等品牌各不相同,因此存在资源浪费,不利于系统维护、二次开发及员工培训;无法在通用的、可互换的操作员工作站上对地铁、轻轨所有运营数据做全面的综合监控,信息无法全面共享;各子系统较难实现直接、快速的数据交换,不利于地铁运营对所有地铁运营系统全面监控的实际需要,无法实现更为复杂、实用的联动功能等缺点。

地铁综合监控系统集成了地铁各专业自动化系统,采用统一的计算机硬件和软件平台。无论是电力监控还是设备监控,无论是行车调度还是通信监控,它们都建立在一个统一的计算机网络平台上,由统一的软件系统支持。综合监控系统(ISCS)的主要目的是将各分散孤立的自动化系统联结为一个有机的整体,实现地铁各专业相关系统之间的信息互通、资源共享,提高各系统的协调配合能力,实现系统间的高效联动,提高地铁全线的整体自动化水平。

地铁综合监控系统实现了电力监控系统(SCADA)、环境与设备监控系统(BAS)、火灾自动报警系统(FAS)、屏蔽门(PSD)等系统的集成,实现了信号系统(SIG)、自动售检票系统(AFC)、广播系统(PA)、视频监控系统(CCTV)、乘客信息系统(PIS)和时钟系统(CLK)的互联,集成互联系统包含但不局限于以上系统。如图9.1所示。

所谓集成表明综合监控系统与子系统之间存在紧密的耦合关系,子系统不需要提供操作界面,所有对子系统的操作完全通过综合监控系统的操作界面完成。正常情况下集成子系统依赖综合监控系统实现正常操作功能。

所谓互联表明综合监控系统与子系统是采用松耦合的结构,子系统具有完整的操作界面和全套设备,可以脱离综合监控系统独立运行,完成正常和紧急操作。

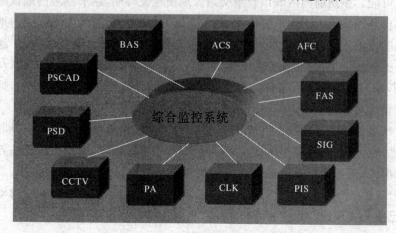

图 9.1　综合监控系统集成结构图

二、综合监控系统与各子系统的连接

1. 环境与设备监控系统(BAS)

全线各车站、车辆段、控制中心均设有 BAS。ISCS 通过网络将各站 BAS 集成,以实现 BAS 中央级和车站级监控功能。

2. 广播系统(PA)

全线各车站、车辆段、OCC 设有 PA,主要用于对乘客进行公告信息广播,发生灾害时兼做防灾广播,对乘客进行安全疏散引导,以及为运营管理及维护人员播发有关信息等。

3. 闭路电视系统(CCTV)

全线各车站、车辆段、OCC 设有 CCTV,主要用于运营管理人员实时监视车站客流、列车出入站及乘客上下车情况,加强运营组织管理,提高效率,保证安全、正点地实现运送旅客等目的。同时用于对主要设备的监视。

4. 电力监控系统(SCADA)

全线供电采用集中供电方式,主变电所、各牵引变电所、降压所、混合所均设有变电所综合自动化系统。ISCS 通过网络与各变电所综合自动化系统接口,并负责实现 SCADA 中央级和车站级监控功能。

5. 火灾自动报警系统(FAS)

全线各车站、车辆段、控制中心大楼均设有 FAS。ISCS 在控制中心与 FAS 接口,以实现 FAS 中央级和车站级监视功能。

6. 屏蔽门(PSD)

全线各车站设置屏蔽门,ISCS 在车站与屏蔽门接口,以实现屏蔽门的状态监视和报警功能。

8. 乘客信息系统(PIS)

ISCS 在 OCC 与 PIS 互联,为 PIS 系统提供实时列车到发信息、目的地信息及紧急通告信息等。

9. 自动售检票系统(AFC)

全线各车站、OCC 设有 AFC 系统。ISCS 在 OCC 与 AFC 系统接口,接收 AFC 系统的客流信息和设备状态信息。

10. 信号系统(SIG)

ISCS 与 SIG 在中央级互联,传送相关信息,实现信息共享。

11. 门禁系统(ACS)

全线各车站、车辆段及 OCC 均设有 ACS,ISCS 通过网络与 ACS 在控制中心接口,以实现对 ACS 主要设备的监视管理。

12. 时钟系统(CLK)

全线各车站、OCC、车辆段设置时钟系统(通信系统提供),CLK 为轨道交通工作人员、乘客和各有关系统提供统一的标准时间信号。

三、综合监控系统集成

系统集成就是通过结构化的综合布线系统和计算机网络技术，将各个分离的设备（如个人电脑）、功能和信息等集成到相互关联的、统一和协调的系统之中，使资源达到充分共享，实现集中、高效、便利的管理。

综合监控系统从集成的深度来划分，有管理层集成——表层集成（顶层集成）、执行层集成——准集成、现场层集成——完全集成（深度集成）三种集成方案。

1．顶层集成

在OCC和车站的监控层将子系统集成。综合监控系统在管理层面汇集，处理各子系统的数据，实现各子系统间的信息共享、交互及系统联动功能。这种方案的优点是实现简单，但仍然存在车站级设备及接口种类多、实现联动困难等缺点，这种方案集成度最低。

2．准集成

现场采集、驱动设备与执行层之间的通信协议均为系统内部协议，二层设备密不可分，一般综合监控系统不选择在此层面进行集成。

3．深度集成

采用统一软件平台将被集成的子系统完全集成在一起。被集成子系统的中央层、车站监控层和控制层被集成在综合监控平台上，它们的功能都由综合监控软件来实现。系统应用软件完全统一，数据处理简约、迅速，系统间联动功能种类多、安全、简洁，综合监控系统与各子系统之间配合协调工作，由综合监控系统集成商来完成，减轻了建设方的工程管理工作。

深度集成的综合监控系统，是我国地铁工程实践中自主创新出的一种类型。它克服了顶层集成的缺点，采用同一种软件平台将被集成子系统完全融入综合监控系统，软件平台可延伸至现场级，可完成实时控制与互动功能，系统的有效性、响应性好。

四、综合监控系统组成

综合监控系统由位于OCC的中央级综合监控系统（CISCS）、位于各车站的车站综合监控系统（SISCS）、位于车辆段的车辆段综合监控系统（DISCS，同属于站级综合监控系统）以及连接这几部分的综合监控骨干网构成。

1．硬件构成

综合监控系统从硬件设备配置上分为三层：

（1）中央级综合监控系统（CISCS）。中央综合监控系统由中央监控网络、运营控制中心（OCC）冗余实时服务器、冗余历史服务器、磁盘阵列、磁带记录装置、各类操作员工作站（总调工作站、电调工作站、环调工作站、维调工作站）、冗余的互联系统的网关装置（FEP前端处理器或通信控制器）、不间断电源、打印机、网络管理系统（NMS）、大屏幕系统（OPS）等组成，用于监视全线各车站（包括车辆段）的各个子系统的运行状态，完成中央级的操作控制功能。地铁综合监控系统在中央监控中心设立中央级监控网络管理工作站。中央级监控网络的核心是冗余配置的以太网交换机。

（2）车站级综合监控系统（SISCS）。车站级监控系统与车辆段监控系统分别位于车站、车辆段。车站综合监控系统由车站监控网络、车站服务器、车站（或车辆段）操作员工作站、前端处理器、双屏值班站长操作站、双屏值班员操作站、车站互联系统的网关装置（FEP）、打印机、综合后备盘（IBP）等组成，用于监视车站各子系统的运行状态，实现车站级的操作控制功能。

(3) 现场级控制设备（各被集成子系统部分）。

主要包括：电力监控系统（SCADA）、环境与设备监控系统（BAS）、火灾自动报警系统（FAS）、屏蔽门（PSD）等系统的集成，实现了信号系统（SIG）、自动售检票系统（AFC）、广播系统（PA）、视频监控系统（CCTV）、乘客信息系统（PIS）和时钟系统（CLK）。

2. 软件构成

综合监控系统的软件从逻辑上分为三层：

(1) 数据接口层。专门用于数据采集和协议转换。

(2) 数据处理层。用于实时、历史数据管理，主要由中心、车站、车辆段、停车场服务器构成，通过实时数据库和关系数据库对所收集的数据进行判断和处理。

(3) 人机界面层。用于处理人机接口，主要由操作员工作站构成，通过从中心、车站、车辆段、停车场服务器获取数据，在操作站上显示人机界面，使运营人员完成各种监控和操作。

3. 综合监控骨干网

综合监控骨干网是连接车站级监控系统和中央级监控系统的主干传输通道，它将中央级监控系统、车站级监控系统和车辆段监控系统连接为一个有机整体。

任务二　综合监控系统的运营管理

综合监控系统的监控对象主要是行车和行车指挥、防灾和安全、乘客服务等相关内容。为了满足两级制监控和调度指挥的需求，综合监控系统采用两级管理、三级控制的分层分布式结构。两级管理分别是中央级管理和车站级管理，控制中心为主控级，车站为分控级；三级控制分别是中央级控制、车站级控制和现场级控制。

一、综合监控系统的功能

1. 控制中心功能

(1) 监控全线各车站的通风、空调、电力、火灾报警、闭路电视、广播及电话、给排水、照明、自动扶梯等设备的运行状态并提供事故报警。

(2) 接收各车站典型测试点的温度、湿度、二氧化碳浓度等环境参数，监测全线用水量。

(3) 与中央ATS（列车自动监控系统）接口，接收列车在隧道滞留的位置信息。

(4) 与中央时钟接口，接收主时钟信息，统一系统全线时钟。

(5) 系统有与防灾报警系统的接口，在发生灾害时，命令环控系统按灾害模式运行。

(6) 记录各车站主要设备的运行状态、运行时间。

(7) 定期输出各类数据、报告。

2．车站控制室功能

（1）监控车站的通风、空调、电力、火灾报警、闭路电视、广播及电话、给排水、照明、自动扶梯等设备的运行状态并提供事故报警。

（2）协调全站设备的运行，必要时进行人工调整。实施记录本站各测试点的参数，监测集水池高、低水位及危险水位并报警。

（3）向控制中心传送设备信息，并执行其命令。

（4）接收防灾报警系统报警，并按灾害模式运行。

3．就地级功能

（1）向车站控制室传送所控设备的工作状态。

（2）执行车站控制室的控制命令。

（3）可就地调试与控制。

（4）具有独立运行能力。

二、综合监控系统的维护管理

综合监控系统的维护管理可按照定期维护、故障维护和在线维护等模式进行。

综合监控系统虽然降低了运营管理中的维修量及操作难度，但对调度员和值班员的综合素质却提出了更高要求，要求熟悉多个系统的功能，具备一定管理能力。同时，对系统网络的维护人员也提出了较高要求。

1．定期维护

综合监控系统设备的定期维护由维修工作人员根据检修日程安排，定期（如周、月、季、年等）对设备进行维护。这些维护包括线路检查、设备运行情况检查、计算机设备磁盘清理等。

2．故障维护

综合监控系统设备的故障维护由维修工作人员根据维修调度人员或值班人员报告的设备故障信息进行设备更换、线缆更换或现场维修等。此种维护主要是针对设备突发故障进行的修护操作。

3．在线维护

综合监控系统设备的在线维护主要是指软件的维护。由技术工作人员根据地铁运营的需要和监控对象的变化，进行一些功能调整或修改综合监控软件。这些检修一般由软件工程师来完成，但在正常运营期间不能对软件进行修改，先由软件测试平台编制并测试软件，在非运营段（如夜间）进行更新。

另外，综合监控的维修人员可以通过维护管理系统的终端了解设备运行状况，可以查看设备模块级别的相关信息，通过这些信息进行相应的维修。

模 拟 实 训

综合监控系统模拟实训

【实训任务】

综合监控系统操作界面使用方法。

【实训目的】

掌握综合监控系统操作界面的使用方法。

【实训要求】

(1) 熟悉综合监控系统操作界面的结构；

(2) 熟悉综合监控系统操作界面的使用方法。

【实训环境】

具有综合监控系统的仿真实训室或地铁车站车控室。

复习思考题

1. 简述 ISCS 系统的构成。
2. 简述 ISCS 系统中央级、车站级及就地级的功能。

案例分析

成都地铁1号线全长18.5千米，设17座车站，为实现地铁信息互通、资源共享，提升自动化水平，提高地铁运营的安全性、可靠性和响应性，最终达到减员增效的目的，成都地铁1号线一期工程设置了综合监控系统。综合监控系统由中央级、车站级（含控制中心大楼和车辆段）以及现场级设备（各子系统）构成。中央级综合监控系统设置于地铁1,2,3号线合用的控制中心（毗邻地铁1号线会展中心站），统一全线综合监控系统的运营管理；车站级设置于全线各车站、控制中心大楼、车辆段，用于管理相应管辖范围内的相关机电设备；现场级设备包括综合监控系统深度集成的 FAS、BAS、PSCADA、TFDS 子系统底层控制设备。综合监控系统与自动售检票系统、门禁系统、广播系统、屏蔽门系统、导乘信息系统等地铁关键系统均有接口，进行数据交换，确保地铁各关键系统设备信息共享，提高设备管理、设备维护能力。

综合监控系统采用冗余的分层、分布式结构，中央级和车站级采用基于 TCP/IP 或 UDP/IP 的网络协议，并采用行之有效的故障隔离和抗干扰措施。综合监控系统由位于 OCC 的中央级综合监控系统（CISCS）、位于各车站的车站综合监控系统（SISCS）、位于车辆段的车辆段综合监控系统（DISCS，同属于站级综合监控系统）以及连接这几部分的主干传输网络构成。

成都地铁1号线综合监控系统中 FAS、BAS、PSCADA、TFDS 以子系统形式融入综合监控系统并成为综合监控系统的一部分，其他各系统通过 FEP 进行数据交换、处理。

成都地铁1号线综合监控系统通过统一的软硬件平台，配置不同的软件功能模块，实现了原分立系统的所有功能，利用先进的自动化手段为运营管理提供了方便。

(资料来源：铁路英才网)

【问题】

1. 结合案例，讨论 ISCS 系统的监控对象。
2. 结合案例，讨论 ISCS 系统的组成及功能。
3. 讨论引进 ISCS 系统所带来的便利。

参 考 文 献

[1] 何宗华,汪松滋,何其光.城市轨道交通车站机电设备运行与维修[M].北京:中国建筑工业出版社,2005.
[2] 范文毅,殷锡金.城市轨道交通车站设备[M].北京:中国铁道出版社,2000.
[3] 陈兴华.地铁设备监理[M].北京:中国铁道出版社,2007.
[4] 铁道第二勘察设计院.地铁工程设计指南[M].北京:中国铁道出版社,2002.
[5] 北京城建设计研究总院有限责任公司,中国地铁工程咨询有限责任公司.地铁设计规范[S].北京:中国标准出版社,2003.
[6] 张之启.南京地铁2号线莫愁湖站通风空调系统设计[J].铁道勘测与设计.2007(3).
[7] 廉迎战,郭莉.地铁车站照明配电系统优化设计[J].电工技术,2004(2).
[8] 朱忠民.智能化低压配电系统的特点及典型应用[J].电气应用,2006(11).
[9] 南京地铁技术文件.
[10] 顾保南,叶霞飞.城市轨道交通工程[M].武汉:华中科技大学出版社,2007.
[11] 朱惠军.城市地铁火灾的特点、事故分析及预防措施[J].安防科技,2011(3).
[12] 李东朋,陈怀东.地铁火灾事故特点与防火安全工程建设[J].郑铁科技通讯,2008(4).
[13] 安全管理网 http://www.9764.com/Tech/Traffic/201012/162286.shtml.
[14] 中国消防在线 http://119.china.com.cn/txt/2008-09/03/content_2451196.htm.
[15] 滕君祥.地铁火灾自动报警系统的应用[J].广东建材,2009(4).
[16] 胡志方.广州地铁5号线火灾自动报警系统的设计[J].现代城市轨道交通,2009(3).
[17] 北京地铁技术文件.
[18] 马守为.城市地铁环控系统节能措施与效果的初步研究[J].山西建筑,2009(6).
[19] 杨国荣.西安地铁2号线综合监控系统集成设计[J].电子设计工程,2010(11).
[20] 张莹,吴冰.城市轨道交通车站设备[M].北京:电子工业出版社,2011.
[21] 中华人民共和国建设部.GB 50157—2003 地铁设计规范[S].北京:中国计划出版社,2003.
[22] 周顺华.城市轨道交通设备系统[M].北京:人民交通出版社,2009.
[23] 永秀.城市轨道交通车站运作管理[M].北京:机械工业出版社,2012.
[24] 人力资源和社会保障部教材办公室,广州市地铁铁道总公司.站务人员[M].北京:中国劳动社会保障出版社,2010.
[25] 苏州地铁技术文件.
[26] 李晓江.城市轨道交通技术规范实施指南[M].北京:中国建筑工业出版社,2009.
[27] 姜家吉.城市轨道交通车站设备[M].北京:中央广播电视大学出版社,2010.

[28] 罗竑.地铁环控系统的特点及其解决方案[J].电子工程师,2000(8).
[29] 刘晓军,吉荣燕,马筱燕.综合后备盘(IBP)设计问题的探讨[J].都市快轨交通,2007(2).
[30] 孟宪磊.地铁空调通风节能方式浅谈[J].科学与财富,2010(5).
[31] 卢晓静.北京地铁6号线动力照明系统方案设计[J].铁道标准设计,2008(10).
[32] 张发明,王颖.北京地铁10号线综合监控系统简介[J].城市轨道交通研究,2007(1).
[33] 湛维昭.地铁机电系统综合集成平台的设计[J].都市快轨交通,2006(2).
[34] 崔泽艳.城市地铁火灾的特点及防护措施[J].消防安全,2007(3).
[35] 刘红元,胡自林.西安地铁2号线隧道通风系统设计[J].都市快轨交通,2008(3).
[36] 成都地铁技术文件.
[37] 仇海兵.城市轨道交通车站设备[M].北京:人民交通出版社,2011.
[38] 上海申通地铁集团有限公司,轨道交通培训中心.城市轨道交通概论[M].北京:中国铁道出版社,2009.
[39] 深圳地铁技术文件.
[40] 徐新玉.城市轨道交通运营管理规章[M].北京:人民交通出版社,2011.
[41] 何霖.城市轨道交通运营筹备与组织[M].北京:中国劳动社会保障出版社,2008.
[42] 中华工控网 http://www.gkong.com/item/news/2011/07/59506.html.
[43] 百度百科 http://baike.baidu.com/link?url=sdnFMUiYUSftRuNId1q5dHZkRS6puT8KVU44jnwzj-V3na1yaz-ZJzyN53mGF2LuWSeOU6fFB1erYSHs-bZDZq.
[44] 上海地铁技术文件.
[45] 地铁族 http://www.ditiezu.com/thread-5551-1-1.html.
[46] 东方网 http://sh.eastday.com/m/20131203/u1a7808351.html.
[47] 铁路英才网.